わたしの旅ブックス
026

世界ヤバすぎ！
危険地帯の歩き方

丸山ゴンザレス

産業編集センター

世界ヤバすぎ！危険地帯の歩き方―目次

第1章

旅する理由

スリリングな国境越え

民主制に転換したミャンマーが、旅行者に対して国境を開放するというニュースが入ってきたのは2013年のことだった。

ミャンマー国境を陸路で入るには、これまで限られたエリアだけしか認められてこなかった。仮に入れたとしても、厳しい警備と検問により、自由に動くことなどできなかった。ある種、外国人にとってのフロンティアともいうべき場所であったのだ（潜入取材によって奥地へと踏み込んだ旅行者やジャーナリスト、研究者もいたので、厳密にはまったく知られていないということではなかった）。

そんな国境に正規の手続きで堂々と入っていけるとなれば、「通ってみたい」と思うのは自然なことだ。少なくとも私にとっては。

バンコクからバスでひと晩かけてたどり着く東の国境の街・メーソート。川沿いに引かれた国境を越えると、ミャワディというミャンマー側の街になる。ここではタイバーツが流通し、タイ製のＳＩＭカードと携帯電話が使える。エリア的にはミャンマーでありながら、経済や文化はタイに依存しているといえるだろう。それでもこの街はれっきとしたミャンマーの領土である。

それを証明するかのように、かつてこの街に潜入取材をして拘束された経験のある山路徹氏からも「一見すると穏やかな街ですが、いまだにテロや殺人も起きています。十分に警戒してください」とのメッセージが届いていた。

私がミャワディから入ったのには理由があった。ミャワディから国境を抜けてヤンゴンに向かうルートならば、いまだに外国人がほとんど通っていないからだ。もしかしたら山路氏のメールにもあるように、内戦に参加していた兵士たちがたむろしていて危険がくすぶっている街があるのかもしれない。実際、想定ルート上に、かつて反乱軍とよばれたカレン軍（現在は一部政府軍に編入）の拠点だったコーカレイがある。この街はミャワディから車で3時間ほど山道を抜けたあたりの辺鄙なところだ。行ってみたいなと思ってミャワディの街でコーカレイ行きのミニバンを手配しようと代理店に入った。

「こんなところに何しに行くんだ？」

代理店のスタッフらしき男たちから、いきなり疑問を投げかけられた。客に対してなにを言ってるのだと思ったが、紳士的に対応することにした。相手を怒らせてうまくいく交渉なんてありはしない。

「日本では知られているんだよ。CNNとかで『コーカレイ』って場所の名前が流れているのさ。どんなところなのか知っている?」

わかりやすい嘘のはずだったが、それ以上の追求はなかった。

「ヤンゴン行きの途中で降りることになるけど」

「それでいい」

そんな感じで、いまいちコーカレイへ行く理由に納得できていない連中に金を払って出発することになったのだが、今度は道路事情が私の進路を遮った。

「この道路が通れるのは明後日なんだ」

実はこれまで内戦状態にあった国境エリアは車の交通量が少なく、また戦略的な意味合いもあって道路幅が制限されていた。当時はその道を拡張している最中だったのだ。おかげで、山道を抜けるミャワディ〜コーカレイのルートは往路と復路を一日交代で通行しているということだったのだ。

結局ミャワディで一日を余分に過ごし、私はコーカレイに向けて出発することができた。そのときに乗ったのは日本車の四駆だった。最近ではＩＳなどのテロリストがトヨタの四駆を使っていることをアメリカが問題視しているが、日本車の性能がいいことだけは実感できた。

道中、横転したり、立ち往生している車を何台も見かけた。車種はあえて言わないが、日本車ではなかった。私を乗せた車はものともせずに、そうした車を追い抜いていった。今になって思うが、「この性能ならテロリストも買うだろうな」と妙に納得してしまった。

さて、車の性能もあって予定よりも早くコーカレイに到着することができた。正直な印象としてはなんの変哲もないただの田舎町だった。建物も通りに沿ってあるだけ。それ以外は目立った特徴もない。

とりあえず歩いてみるかと車を降りたところで袖を引っ張られた。

「こっちに来い」と物陰に引きずり込まれた。

声をかけてきたのは同乗者のひとりで、タイでビジネスをしているという50代の男だった。車中ではヘラヘラした表情で、自分のビジネスがいかにタイでうまくいっているのかをうるさいぐらいに話しかけてきたオヤジだった。そんな男が真剣な表情で言ったのだ。

「暗くなる前にこの街を出るんだ」

何を言ってるのかわからなかった。ただ、彼の真剣な目が印象的だった。適当に言っているわけではないのは明らかだった。背筋に冷たいものが流れていく。

「どういうこと？」

「いいか、この街は危ない。とにかく早くに出て行くことだ。暗くなる前にだゾ！」

強く念押しされたものの、状況が飲み込めずにいた。そうこうしているうちにオヤジは車の方へ戻っていった。ついさっきまでの真剣な表情が嘘のように、軽いノリで周囲に話しかけながら車に乗って行った。その変化が異常に恐ろしく感じた。

入れ替わるように今度は運転手が私のところに来た。

「この街に何の用があるんだ？」

「いや、だからここは……」

「見てのとおり何もないぞ」

強い口調でこちらの答えを遮ってくる。ここまで周囲に止められると逆に何があるのか見たくなってくる。

「そうかもしんないけどさ。ここでいいんだよ！」

運転手にここに残る意思を伝え、彼らを見送った。気になったのは運転手とその助手がどこかに電話していたことと、その際に私の様子をチラチラと窺っていたことだ。

わからないことはいくら気にしても仕方ない。むしろ思考が鈍って行動の枷になってしまう。とにかく道行く人に声をかけることにした。ところが、ミャンマー語ができない私と英語が話せないミャンマー人とではなかなか意思の疎通ができない。それでも身振り手振りで街の中心部がどこにあるか尋ねると、大きい通り（といっても二車線の通りだが）を進んでいけばいいということがようやくわかったのだった。

それから市場のようなエリアに出た。別に欲しいものもないが眺めて回ることにした。農機具や日用雑貨の並ぶ露天には興味が持てなかったが、ミャンマーの民族衣装であるロンジーが売っていたのが気になった。筒状の布をズボンのかわりに巻きつけて着用するもので、涼しそうな感じがして急に欲しくなったのだ。

だが、こちらはミャンマー語ができない。右往左往していると不意に声をかけられた。

「日本の方ですか？」

流暢な日本語だった。40代の男で笑顔を浮かべていた。驚きつつも話してみると、彼はミュウさんといい、千葉大に留学していたことがあるという。そして、「たまたま」私がロンジーを買うために日本語まじりで交渉している現場に出くわしたのだという。さらに彼は「近所のチャイ屋でお話しでもしよう」と言ってきた。

大変にありがたい申し出ではある。しかし、あまりに出来過ぎた話だ。疑いつつも彼についていき、お茶をご馳走になった。

「なんでここに来たんですか？」「この街に泊まりますか？」「なにか特別な仕事をしているのですか？」

口調はソフトだったが、彼が私に対して興味を抱いているのではなく、まるで尋問されているように感じられた。

私の疑いを決定づけたのは彼の持ち物だった。机の上に置かれた荷物から衛星電話が飛び出ていたのだ。私の視線に気づいた彼は「電波状況の良くないミャンマーではみんな持っている」と説明した。

さすがにそんなはずはない。どこか、この街はおかしい。確かめるすべはないが、それでもこの街にとって私が招かれざる客であることはわかる。人の良さそうなミュウさんだって秘密警察の人間かもしれないし、違うかもしれない。今は判断できる要素がない。しかしこれ以上この街に留まることはリスクでしかないのは間違いない。私はミュウさんに「次の街に行きたいのだけどバス乗り場を教えてくれませんか」と告げた。彼は快く応じてくれた。

まるで待ってましたと言わんばかりの空気を背に感じながら、この街を出ることにした。

2020年になった現在は、地方都市でも外国人がこのような扱いを受けることは少なくなったらしい。それでも軍事政権で活動した「秘密警察」の名残りは各地で発揮されることがあるという。

今では、開放直後ならではのある意味、貴重な体験ができたと思うことにしている。

旅する理由とは？

TBS系で放送されていた『クレイジージャーニー』が放送を終了する以前、DVD発売記念のイベントで、佐藤健寿さん、荻田泰永さん、永瀬忠志さんという滅多に共演することのないジャーニーたちと出会うことができた。ご存知ない人のために説明すると、クレイジージャーニーとは番組名であると同時に「独自の視点やこだわりを持って世界や日本を巡る人たち」のことである。そのジャーニーだから話せる体験談を披露する番組だった。番組は終了してしまったが、放送開始からの数年間、この番組に出演させてもらっている私としては、自分が旅のレジェンドともいえるような人たちと同じ場所に立っていいのかと思うところもあった。一方、イベントで実現した座談会のようなスタイルでジャーニーたちと話すことで、いくつか気になるところが出てきたので、ここで紹介しようと思う。

佐藤健寿さんは『奇界遺産』を代表作とする写真家で、世界中の奇妙な風景を追い求めて旅をしている。持ち前のルックスから女性人気は抜群に高い。荻田泰永さんは北極冒険家であり、無補給単独で北極を旅している。ちなみに私と同い年である。そして永瀬忠志さんは、「リヤカーマン」と呼ばれている。それは、彼のスタイルがリヤカーを引いて旅するところからきている。歩いた距離は、地球一周分を大きく上回った4万7000キロを誇る。いずれ劣らぬ旅の達人たちである。

そんな人達が披露してくれるエピソードの数々はどれも面白かったのだが、特に気になったのは「なぜ旅にでたのか？」というシンプルな質問があったときのことだ。

荻田さんは、「自分の抱えていた行き場のないパワーをぶつける対象が、めぐり合わせで北極になっただけ」と言う。佐藤さんは、「子供の頃に興味をもったものが大人になった今、どうなっているのか知りたくなったという好奇心がベースだ」と言うのだ。そして永瀬さんは、「旅を続けている理由は未だにわからないけれど、日本にいると旅に出たくて、出たくてたまらなくなる。これからも歩き続けていけたらいいな」と語ってくれた。

これには会場にいた多くの人がうなった。かくいう私はどうだったのかというと、「なんとなく流れで」と、面白くもなんともない答えをひねり出してしまった。お客さんたちから失望に似た空気が発されたわけでもないが、やや期待はずれ感があったかもしれないなとは思う。

負け惜しみと悔しさが入り混じった感情が残っているので、私の旅に出た理由をもう少し掘り下げてみたいと思う。

本当のきっかけは地図だった。中学、高校と、社会や地理の時間に地図帳を見るのが好きだった。

帝国書院の『中学校社会科地図』で行ったことのない場所を地名や平面図から想像する。中学の地図帳を高校になっても捨てられずボロボロになるまで読み込んだ。そして、ある日気がついてしまった。青春18切符というJRが当時発売していた乗り放題切符を使えば、その場所に行くことができるのだということに。

あとは行動に移すだけだった。ボストンバッグに適当に詰め込んだ着替えと何冊かの文庫本、そして地図を片手に持って、そのままに旅に出た。

希望する進学先に行けず、そのまま腐って高校生活がうまくいっていなかった。生活と言うか、人生に変化が欲しかった。大した計画もなく思いつくままに電車に乗って旅をして歩きたかったのだ。本当に楽しい時間だった。旅を終えて帰郷してからというもの、地図帳がそれまでとは違って見えた。地名や道路などが記憶の風景とつながってものすごく立体的に見えるようになったのだ。これがきっかけで旅することばかりを考えるようになった。やがて徐々に旅の魅力にハマっていき、ついには海外へと踏み出していくようになっていった。

永瀬さんは「できることを少しずつやってみたらいい」と言っていた。私も同感である。ただ、できれば、できることだけではなく、やってみたいこと、興味が持続することに限定したほうがいいかもしれない。そうでもしておかないと、旅に出る理由にとりつかれて日常に戻れなくなってしまう、と言うと少し大げさかもしれないが。

伝説との邂逅

旅人とは職業ではない。肩書に旅人と入れても得することもないので、わざわざ名乗るような人はめったにいない。自分で名乗るのではなく、本人の達成したことが偉業として認められると、途端に「旅人」として認知されるのだと思う。

そうした偉業を達成した人に絞って考えると、多くの先人たちの名前が浮かんでくる。なかでも別格に位置しているのが関野吉晴さんだろう。

関野さんの代名詞といえば「グレートジャーニー」である。最近になって知り合いの大学の先生が「若い子に関野さんやグレートジャーニーの話をしても通じないんだよね。知らないみたい」と嘆いていたことを耳にしたので、あらためて関野さんの偉業について紹介しておきたい。

人類が到達した最果てである南米チリの最南端から、人類が生まれたとされるアフリカまで、時間軸を遡るようにして人力のみで旅をしたのが関野さんだ。約10年にわたる巨大なプロジェクトとなった。その様子は1993年からテレビ放送されており、私は食い入るように見ていた。

そんな人類史に迫る冒険を達成した関野さんと、都内でおこなわれたトークショーを観覧した際に、思いがけずお話する機会があった。

トークショーは「グレートジャーニー」関野吉晴と異色の考古学者が語り合う「この地球に永く住み続けるには?」と題されたもので、異色の考古学者のほうが石井匠先生といって私の同僚である。私ごとで恐縮ではあるが、現在、「國學院大學学術資料センター共同研究員」を名乗らせてもらっている。特に研究者らしいことはしていないのだが、辛うじて「元」ではなく「現在」も考古学者を名乗ることができる理由となっている。そのお世話になっている母校國學院の同僚である石井先生と関野さんが繰り広げるトークセッションなのだから行かないわけにはいかない。そう思って会場にお邪魔すると、すぐに係員の人が何事かを察してくれて、そのまま控室スペースに通された。そこにはレジェンド関野さんがいて、光栄なことに真ん前に座ることができたのだ。挨拶を済ませてなんとなく雑談が始まった。すると、関野さんは以前に『クレイジージャーニー』に出演した私のことを知ってくれているということだった。それならば、下手に遠慮する必要もないのかもと思い、気になることをあれこれ聞いてみることにした。

どんな質問にもレジェンドは実に気さくに、ひとつずつ丁寧に返してくれる。本編のトークセッションの休憩時間にも終了後にもそれぞれ話す時間を作ってくださった。どの話も印象的だった。そのなかでも皆さんにお伝えしておきたいことがある。

関野さんはアマゾンの先住民の人々との暮らしのなかで、彼らが我々の社会とは異なる概念で暮らしていることに気がついた。それは「時間に対する感覚」である。

「今、いるか？」と聞かれた場合、私ならば「今、自分がここにいるか？」と問われたと思う。おそらく「今」いる場所のことで、時間幅にしても数秒から数分の間、留まっていた場所のことを指していると思っている。きっと多くの人もそうだろう。

ところが先住民たちの「今」は、現時点の時間的なポイントではなく2週間先になっても「今」になることもある。つまり、自分たちが継続的な時間軸で同じ空間に存在しているのだから、「今、いる」ことになる。

これでは時間と存在の哲学に関する難解な話のようだが、もっとシンプルに考えてもらえば理解できるかもしれない。そもそも私たちが暮らしている社会のシステムがあるから細かく時間を区切って生活する必要があるのだ。そうした枠組みを取っ払ってしまえば、先住民の皆さんのように「今」を現時点で捉える必要はなくなるということだ。真っ白なスケジュール帳をイメージしながら誰からも行動を決められない状況を思い浮かべてみるといいかもしれない。

ほかにも、私達と先住民のみなさんの何が違うのかという問に対して、「私達が先進的だと錯覚するのはスマートフォンを持っているから。誰も自分ではスマートフォンなんてつくれないのに」と言っていたのには、ものすごく納得した。自分が文明人と思っている根拠は誰かが作ったものを使っているからとは、本当に脆弱な根拠なのかもしれない。

巨大な偉業を成し遂げた伝説の旅人からは、ほかにも様々な話を聞かせてもらったのだが、特に気になったことについてこの場を借りて紹介するとともに私の整理の場とさせてもらった。

改めて、関野さんが自分を旅人と名乗っているのではなく、彼の達成したことに加えて、夢中になって体験談を話してくれるときの様子を見て「旅人なんだ」と思うのだ。

消え行く旅の文化

文化とはいつの時代も変化していくものである。そして、変化の波に飲み込まれて消え去ってしまうものがある。特に旅先で接する文化のなかには、記録されることもなく綺麗さっぱりなくなってしまうものも珍しくない。今回は私の記憶にある旅にまつわる既に消え去ったものや、消えてしまいそうなものについて紹介しておきたい。

まず、チケットである。現在はeチケットが当たり前になっているが、15年ほど前までは現物のチケットが手渡されていた。往復で購入した場合は、紛失しないように持っていなければならない。そのせいだろうか、腹に巻くタイプの貴重品袋はチケットが入るサイズが主流だったように思う。

この腹巻き袋に入れておく期間が長くなると、いよいよ帰国という段階でチケットがボロボロになっていたということも珍しくなかった。湿気を帯びてペッタリとなったチケットを嫌そうにチェックする航空会社の職員の顔がいまでも記憶に残っている。

貴重品袋に収納していたのはチケットだけではない。今ではほとんどの金融機関で廃止されたトラベラーズチェック（TC）。手数料を差っ引かれるかわりに、購入した本人だけしか使えないうえに再発行もしてくれるため旅人の間では重宝していた（ただし通しの番号がわからないと再発行をうけられないこともあった）。旅人は普段使いではなく、いざという時のお守りとして持っているというのはよくあることだった。このいざというときがなかなか来ないまま、数年前に一斉に各金融機関が廃止するとなったときに、ようやくお守りを換金した旅行者も多かったようだ。

旅の途中でよく利用していて、今ではほとんど目にしなくなった商売もある。それは「国際電話屋」である。今では信じられないだろうが、海外へ行くと日本との連絡手段が手紙ぐらいしかなかった時代があったのだ。そういう時に使われたのがこの電話屋で、金額に応じて話すことができた。その際に気をつけるのが時差の問題で、せっかく電話しても繋がらなかったということもよくあることだった。

この電話屋が業務拡大してできたのがインターネットカフェである。カフェとは名ばかりでほぼパソコンだけが並んでいる空間だった。

「hotmailのアカウントを取得した。これでメールができる」

これは当時、よく耳にした言い回しで、私はカッコイイと思っていたが、アカウントとかhotmailの意味はほとんどわかっていなかった。インターネットとホットメールの違いすらもわからなかった。当時のネットの普及率もその程度だったのだ。

これらのほかにも多くのものが消えていった。喫煙席のある飛行機が消えて喫煙所ができた。ウォークマンはMDウォークマンになり、カセットテープ屋が消滅。ゲーム機もゲームボーイやPSPなどの専用機体はなくなり、スマホだけになった。スマホが進歩したことでホテルの「予約」や支払いの「電子決済」が旅の基本スタイルになり、宿屋のカウンターでの値段交渉も見られなくなった。まだまだあるがこのあたりで変化についてまとめておきたい。

旅の風景は変化に応じて様変わりしていく。カフェではwi-fiパスワードと充電が目的になったようにだ。旅に限らず変化は必然のあるところに生み出されていく。いまの旅の風景は突然現れたものではなく、過去の旅の風景から連動してきたものである。そう思えば「いまどきの旅は」などと目くじらを立てることもないだろう。少なくとも私はそんなふうにならないように気をつけようと思う。

カオサン通り

カオサン通り。言わずと知れたタイの首都バンコクにある世界中のバックパッカーの集まる街。旅行者同士が次の旅への情報交換をしたり、長期滞在者も多い安宿街の代名詞となっている……というのが、これまでの説明だった。「これまで」というのは、この10年ほどのあいだで大きく変化したからだ。旅人たちのあいだから聞かれるのは「カオサンは終わった」「昔の良さがなくなった」といったネガティブなものが多くなった。

実際、多くの安宿は姿を消したし、屋台も減った。飲食店も旅行者を相手にしていた安食堂なんかよりファストフードが台頭しているし、コンビニも増えた。既に旅行者に対しての商売というよりも飲み屋やクラブを主体としたナイトスポットとしての意味合いが強くなっていっているのだ。

私が初めてカオサンを訪れたのは今から20年以上前のことである。初めての海外でもあった。正直、大した下調べはしておらず、何冊かの旅行記を読んだだけ。覚えていたのは、「とりあえずカオサンに行け」だった。それをそのまま鵜呑みにしたというか、ほかに手段がなかったのだ。

当時は、まだインターネット黎明期。情報が氾濫している今からはあまり信じられないが、ネット情報にまともなものは少なかったし、信じる気にもなれなかった。

空港からカオサンまではバスで移動した。偶然に空港で再会した空手道場の先輩の紹介で入った宿は一泊150円ほどのドミトリーだった。たくさんの日本人がそこに宿泊していて、毎日のように酒を飲んで話をした。旅の情報、旅のスタイル、旅のあれこれ。本当に楽しかったし、あの頃は、そんな宿がたくさんあった。

私にとっての青春の場所であることは間違いないく、変わってしまった今のカオサンに少なからず抵抗があった。ところが、先日、ある若者と話した時にハッとしたのだ。

「カオサンですか？　あそこってクラブが集まるイケてるスポットですよね」

20歳の若者。旅に出た当時の私と同じ年齢である。そんな彼が、カオサンに行ってきたというので、話をしたところそんなことを言われたのだ。

彼にしてみれば、昔のカオサンを知らない。今、存在しているきらびやかなナイトスポットとしてのカオサンが当たり前なのだ。世代によって見え方が違うのはわかっていたが、ここまではっきり言われてようやく納得ができた気がした。

私が彼と同じ年齢だった頃には、同じように若者なりの経験を楽しんだ。旅人同士の出会いも多く、一生の思い出と呼べるものもいくつかあった。だが、それはカオサンという場所の歴史の一点に触れたに過ぎないのだと、あらためて思う。

いまさら昔のようなカオサンに戻って欲しいと思わないし、その必要もないのだと思う。今、バンコクを訪れて、楽しめる人たちの居場所なのだから、そこに入っていけない人が言うべきことではないし、別に今からだって十分に新しいカオサンを楽しむことができると思うのだ。そして、この先も見続けていけば、もしかしたら昔のような雰囲気になっていくことだってあるだろう。まあ、その可能性は低いと思うが。

いずれにせよ、カオサンや街というのは生き物である。その成長と衰え、そしてあらたに生まれ変わる様を見るのは、かつてあの街を拠点に旅をしていた身からすると、相応にエキサイティングである。もし、私のように敬遠している人がいたとしても、そこは気にしないで味わってみるのもいいのではないかと思うのだ。

つねに変化とともにあったカオサン通り。かつてはこれほどキチンと舗装されていなかった。

旅と留学

「海外が好き」というのは、いろんな人の趣味としてよく耳にする。ここでいう「海外」には様々な種類があると思う。特に海外の文化や出会いが好きだという場合には、旅行と留学の両方が選択肢としてあるだろう。

実は私も過去には留学するのか、旅をするのかで迷うタイミングがあった。そこで、今回は旅と留学の違いについてお伝えしたい。

まず、旅は単純明快である。知りたい、見たい、とにかくどこかに行きたいという理由だったり、根源的な好奇心の欲求を満たすことを目的としている。こう言ってしまうと「そんな大げさなもんじゃないですよ」と言う人もいるだろう。

たしかに二泊三日の週末海外や、日帰りの国内旅行だって旅の一種だし、軽い気持ちでトライできるものである。そうしたプランやスタイルを否定するものではない。むしろ日常生活がまとまっている人ほど、外に出たい欲求が強まっていくものだと思う。

私自身、サラリーマン時代は週末海外と称して駅のコインロッカーに荷物を預けて、金曜日の午前中にあれこれ仕事を片付けていた。昼休みに入る段階で「NR（ノーリターン）」と業務用のホワイトボードに書き残し、「直帰します」などと白々しいコメントだけをして、そのまま駅で荷物をピックアップして成田空港へ！　こんなことをやっていた。さすがに延泊はできないので月曜の早朝か、月曜の午前半休を取得するなどの工夫はしていた。

今になって思えば、だいぶ幸せな環境だったと思う。日本に帰ってきても居場所があるのだから。これが孤独な旅人ならば、ひっそりと出国。誰にも会わぬままに帰国。そして、日常へ……。寂しすぎるだろう。とはいえ、そんな日々を過ごした経験もあるので、その頃のことも昨日のことのように思い出される。

いずれにせよ、旅とは返ってくる場所があったり、用意していたり、限られた期間の中で巡ってくるものだと思う。そして、忙しいなかであってもスケジューリングしたりする意欲は、好奇心など根源的な欲求によるもので支えられている。そういう意味では数年に及ぶ行程などは旅の枠を超越した〝放浪〟だと思っている。

一方で留学はその名の通りで留まって学ぶこと。よく留学についてSNSや個人ブログで「半年以上でないと意味がない」だとか、「語学留学って無駄」など否定的な意見を目にすることもある。もちろん発信者の意見なので、尊重されるべきなのだろう。ただ、私の見解とは違うので、そこのところを端的にお伝えしたいと思う。

まず、留学に期間は関係ないと思う。1週間でもこれまでに知らなかった何かに気がついたり、学んだりできたのならば、それは成功なのだ。これは、日本にいたら、気がつくことがなかったという観点からである。

また、「単に海外で生活がしてみたかっただけ」という人も別にアリだと思っている。というのも、先ほど挙げた「学び」が生活の中からでもあったならば、その留学は成功なのだ。もちろん費用対効果という問題もある。100万円費やして、ほとんど学べなかったといわれてしまってはそれまでだ。だが、留学も旅も同じことが言えるのだが、その後に何を成すのかが、旅や留学の価値を決定する。

ここまであれこれ説明してきたのだが、体験中には決して価値は決まらない。いつだって後付で決定するのだ。そういった意味で旅と留学は共通しているし、結局は旅も留学も楽しんだ人が勝ちだと思っている。辛いだけの思い出では、反省や後悔を導き出すことはできても、人生を豊かにしてくれるような価値は生まれないからだ。

どんな状況でも、そこで楽しみや好奇心の対象を見つけ出すことは、日本にいようと、海外にいようと、その人の個性や能力であることにかわりはない。それだけに、海外だけに頼るのではなく、自分を貫く強さ、賢さも必要になってくるのではないかと、今になっては思うのである。

最初の旅

人生最初のひとり旅をしたのは高校一年生の春休み。志望校ではなかった進学先で、もう二年生になろうというのに馴染めないでいた。イライラや鬱憤が溜まっていて、とにかく地元を出たかった。できるだけ長く。だが、お金があるわけでもない。そこで目をつけたのが、「青春18きっぷ」というJRが発売していた切符だ。「5日間に限って原則、新幹線・特急・急行を除く旅客鉄道会社全線の普通列車・快速列車など、運賃のみで乗車できる列車に何度でも乗車することができる」というもの。まあ、ようするに国内を貧乏旅行するにはピッタリの切符があったから旅に出ることができたのだ。

家庭環境は良好だったので、「18切符で旅に出る」と言っても別に止められることはなかった。信用されていたというよりも、一日中、家に居られるのが嫌だったのかもしれない。いずれにしても、親の説得をあっさりと成功させた私は、次にどんなルートで旅をするのか考えた。

宮城県仙台市に住んでいたため北に向かう気はしなかった。とにかく南へ行きたい。だが、気分的に東京を通りたくなかった。5日間しか使えない18切符を最大活用するには、乗り換えが少ないほうがいい。時間をロスしたくなかったのだ。そこで、仙山線で山形に抜けて、日本海を伝って大阪に行く。そこで親戚の家に泊めてもらう。しばらく大阪をウロウロしてみよう。そう思った。

山形から新潟を経て北陸福井で初めての夜を迎えた。旅は順調だった。だが、どうやって泊まるか。そこまで正直考えていなかった。電車のなかで睡眠をとればいいので、駅で徹夜して始発に乗るといった程度の予定だったと思う。そんな時に声をかけられた。

「18切符ですか？」

声の主は高崎経済大学の学生さん。当時の私には年上のお兄さんであるが、まあ、その人に声をかけられて話し込んだ。駅前でコンビニ弁当をおごってもらった。その人は、18切符で長崎まで行って、五島列島を旅すると言っていた。そして、「随分遠くにいくんですね」と何気なく発した言葉への返事が私の心を摑んだ。

「行きたい気持ちがあれば、どこにだって旅できるんだよ」

そうなのだ。高校生活がどんなものだって旅はできた。この先、何があっても行きたい気持ちがあれば、どこにだって行けるのだ。強く思った記憶がある。

その後は無事に大阪へ行き、奈良や京都、姫路などの遺跡や寺社仏閣を巡った。西成に行ったのもこの時が最初だった。この頃から、私は旅で日記をつけるのが習慣になっていた。現在の取材メモとは違って、その日に何があって、何を思ったか。そんなことをただ雑多に書いていていた。

この旅の経験があって、高校二年の夏休みには同じルートで大阪まで行き、そこから瀬戸内海を抜けて出雲まで行った。それから受験を経て大学一年生になると、今度は東京から姫路、出雲、鳥取、山口と抜けて九州へ。西へと進んでいき長崎に着いた。

　原子爆弾の投下で半分がふっ飛ばされた片足鳥居を見て、それから坂道を登っていったのを覚えている。眼下に広がる長崎の街。ここから西に行くには、海を渡るしかない。「いよいよ海外へ行こう」と思った。そして、この翌年、私は初めての海外旅へと踏み出していくのであった。今につながる海外を舞台にした冒険や無茶苦茶な体験は、この長崎で感じた日本の旅に対する自分なりの節目があったからだと思っている。

　とはいえ、日本もまだ行ってない場所はたくさんある。今でも「旅しよう」という思いがある。これからも、ただ旅をしていこうと思う。

初めての国境越えはタイからカンボジアへのルートだった。

旅の終わり

旅の終わりというのは誰にとっても切ないものである。日常から切り離された場所で、楽しい時間を過ごしていれば「帰りたくない」と思うのも当然のことだろう。

私が海外を旅するようになって20年が過ぎようとしている。最初に一歩を踏み出した頃は、こんなに日常的に旅をする暮らしを続けることになるとは思ってもいなかった。

一番最初の長旅の際には、オープンチケットを確保していった。帰りの時期は仮であって、航空会社のオフィスに行けば変更することができるのだ。当時の私は帰国する時期を決めるのが嫌だった。むしろ日本に帰りたくなかったように記憶している。

そんなに嫌だったら留学でもすればいいのに！　と突っ込まれそうではある。それももっともな意見ではあるが、当時の私は少々ひねくれており、「海外では非日常を過ごしたいんであって、留学しちゃったら、それが日常になってしまうだろ」と思っていたのだ。

実際、旅を続けていくと1週間、2週間……1ヵ月と、あっという間に過ぎ去っていくのだ。

「あ〜帰りたくねえ」

旅先で口癖のようにぼやいていた。しかし、現地で知り合った旅の仲間が一人、また一人と帰国していく。そんな一人が「帰りたくないな」と口にして、「だったら、もっと一緒にいようよ」と私が返す。すると「でも戻らなきゃね、現実に」と、切り替えされて、彼らは決意したように帰国していった。

寂しいなと思いながらも、少なくなった仲間たちと馬鹿騒ぎをする。まるで、夏休みが終わって新学期が始まったのに登校しない小学生のようだった。ズル休みでは徐々に楽しさも半減していくようになり、一緒に残っている人たちの口から「日本に帰っても居場所がない」とか「帰るぐらいなら、このまま死にたいよ」と、相当にネガティブなことが聞かれるようになった。

人生のロスタイムみたいなありえない状態を過ごしながら、やっていることといえば、朝起きて何を食べるかダラダラとみんなで話す。耐えきれなくなって宿の下の屋台でフルーツを買ってしまう。昼と夜の間ぐらいでビールを飲みながら、ダラダラとしている。

日が暮れると本格的に飲みに行く。生産性は皆無である。

日本の日常では過ごすことができないものではあるが、毎日こんなことを続けていたら、それが日常になってしまう。もはや、非日常としての旅を見失っていた。そんなタイミングで、年上の旅人から、「君は、若いんだから、まだ、ここまで旅にハマったらダメだよ。日本に帰れるうちに帰りな」と言われた。

それでもダラダラと過ごしていたら、突然、憑き物が落ちたように、「帰国しよう」と思った瞬間がおとずれた。前触れもなく訪れた気持ち。その決意が鈍らないうちに航空会社に行き、帰国日の手配をした。当時のチケットは航空会社まで行かないと帰国日の確定ができなかったのだ。そうした手間が意外とハードルになっていたのかもしれないなと思った。

すでに日本を離れて3ヵ月以上過ぎていた。大学の新学期はとっくにスタートしていたが、先生たちに頭を下げて、なんとか授業にも追いつくことができた。これが社会人だったり、もっと長い期間の旅だったら、私は本当に復帰できたのだろうかと思う。

旅はいつかは終わるのではなく、自分で終わらせないといけないのだ。

それなのに終わりを見つけられない。最初の旅がこんな感じだったこともあり、そんな旅人にならないように気をつけてきたのだが、ここ数年、ひとつひとつの旅は1〜2週間程度で、頻度は月に1、2回が続いている。長旅を終わらせることができないよりも、よほど旅を終わらせるのが下手なのかもしれない。

ただ、現在の私の場合だと明確な目的をもった取材として訪れているので、ひとつの旅の終わりという区切りは、明確にしやすいのだと思う。スラムの取材で、その街の生活実態を探ってくれば、目標は達成なのである。短いスパンだからこそ、一回ずつの旅に意味を持たせれば期間は関係ない。それは、昔のように長く旅をしていたときに何の目的もなくただ日常を過ごすことに疑問を抱いた自分が手にした答えのようなものだと思っている。それは旅行好きならば当たり前のことで、決して珍しいものではない。それをわかるのに随分と遠回りした。しかし、約20年に渡る遠回りこそが、私にとってかけがえのない財産となっており、ジャーナリストとして身を立てるための背骨となっているのだ。

バンコクで盟友の旅行作家・嵐よういちと過ごす。こうやって仲間と海外で過ごせるのは至福の時間である。

第2章

地球の“ヤバい”歩き方

取材

危険地帯の情報はナマがいい

「日本や海外の裏社会を取材している」と海外で名乗ると、「マジ!?」みたいな顔をされた後で、「どうやって（そんな危険なところを）取材しているの?」と質問が続くことが多い。

実際、裏社会（アンダーグラウンドとか、イリーガルなどと訳して伝えている）の人間ではないことの証明も兼ねて自分の立場もきちんと伝えることにしている。

「ジャーナリストとして、ネタのバランス、人の繋がりを大事にして、交渉の手順を間違えないことですね」

自分が裏社会の人間ではないこと。そして、第三者の仲介を経て接触をしているということを忘れない。基本にして奥義ともいうべき考え方である。ただ、結果としてありふれた答えになってしまうので、聞いた人は少なからずがっかりした表情になる。

きっと、「なんも考えないで突っ込みますね!」「怖いものなんてないんで」とか、そういった破天荒で特別な答えを期待していたのは明らかだ。そうした反応のおかげでわかるのは、危険地帯の認識が世間と私の間でズレているということだ。

たとえば、私の基準では現在進行形で戦闘が起きている場所だったら「ムリムリ」となって断固拒否。絶対に行くことはない。リターン(取材で得られるメリット)に対してリスクが高過ぎるからだ。このリターンとリスクのバランスを何よりも大事にしている。そもそも、私が取材している危険地帯は、誰にだって行くことができる場所にあり、海外というだけで特別な場所というわけではない。むしろ、「パスポートで行ける危険地帯」が基準になっている。

たとえば危険地帯の代表格とされるスラムにしても、現地の人たちは日常生活を送っていることが大半で、私はそのなかに潜む犯罪とか闇の部分を追い求めている。それはつまり現地の人にとっても非日常的な部分だからだ。もちろん、戦場とは違う種類のリスクはあるし、必ずしも安全ではない。それでも行くのはリスクよりもメリット、そして好奇心が上回るから背中を押されてしまうのだろう。

いくら安全性を重視しているからといって〝闇に迫る〟ことを放棄しているわけではない。そのために特別な手段があるのではなく、ただ人脈と手順を守るだけである。

可能な限りの情報収集は怠らないが、私が集めるのは「どこに行けば誰に話が聞けるのか」である。基本的には渡航先の国や街に暮らす知り合いに声をかけて人を紹介してもらうのだ。バンコクの中心地区なら日本人が経営している居酒屋があるとか、フィリピンの島に行くときなら日本人が働いているダイバーショップなんかを紹介してもらったこともある。ほかにもSNSなんかを使ってコンタクトをとる。日本人に限らず英語が話せる現地人に自分であたりをつけたりもした。どんなに僅かな可能性でも、できるだけ多くの人と接点を持つことにしている。

そうやって知り合った人に電話して日本にいながら取材を終わらせることもできなくは

ないが（コロナ禍で渡航できない時だと、やむを得ないところもあるが）、そのやり方は好きになれない。実際に現地で取材しておかないとわからないことというのは、何時間電話していたとしてもあるからだ。

取材というのは、話だけでなく相手の動作、呼吸、背景など、あらゆる情報を五感で察知する行為だと思うからだ。

だから、情報を知っていそうな人にコンタクトをとったり、裏社会と関わっていそうな人を紹介してもらって、その人たちを通じて現地の人と直接触れ合っていくことで生きた情報を手にできるのだ。

この方法で、これまで多くの取材に成功してきた。マニラで闇商売に身を投じていた人を取材したいと思った際には、私は現地在住の日本人に連絡を入れた。それからＳＮＳを駆使してあちこちに打診した。その結果、事情通の人たちとマニラで会う約束をとりつけることができた。実際に各人の話を総合すると、マニラ市のなかではトンド地区が最大のスラムエリアであり、そのなかのいくつかの集落に行けば目的の商売に手を染めた連中に会えるかもしれないということが浮かび上がってきた。もちろん日本である程度の想定はしてくる。私はそれを「仮説」と呼んでいる。現地で行うのは「検証作業」。仮説を大胆に変えることもいとわない。日本にいて集めた情報だけで完遂できる取材などないからだ。

実際、こうやって一個ずつハードルを越えていくことで、取材対象に着実にたどり着くことができた。しかも、この時の取材では想定外に臓器売買に手を出した男に合うことができた。銃撃された際に医者から「内臓を売らないか」と持ちかけられたという。販売価格は数万円だったというが、みすぼらしい小屋で暮らしている様子から、その金が彼の生活

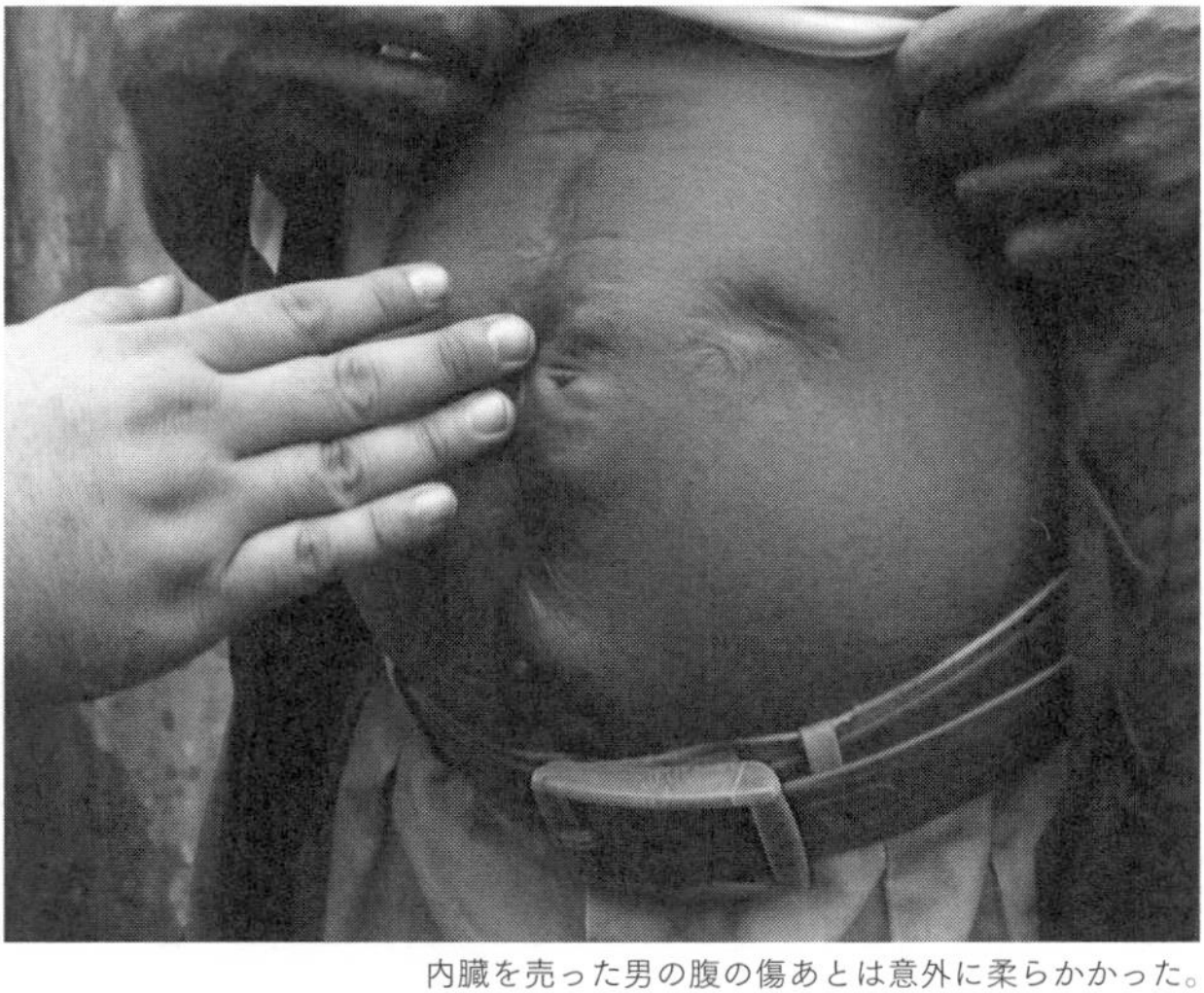

内臓を売った男の腹の傷あとは意外に柔らかかった。

の助けにならなかったのは一目瞭然。ハッピーエンドでは終わらない取材は後味が良くないが、当初予定していなかったからと、排除せずに予定を変更したからこそ知り得た情報である。

現地への潜入取材というのは、現場にいるときはただ必死で駆け抜けた後で振り返ってみて、はじめて何を見てきたのかを整理できる。知り得る情報が生々しければ、それだけ好奇心を満たしてくれる刺激となり、私の取材が続くモチベーションとなっていくのだ。

賄賂を渡すなら上手にやろう

どんなにいい人だろうと、悪い人だろうと、日頃の行いがどうだろうと、突然降り掛かってくる災難はあるものだ。自然災害なら気持ちの落とし処もなくはないだろう。だがそれが、人災、それも金銭欲にかられた連中によってもたらされる災難に海外で巡り合ったら、あなたならどうするだろうか。

ということで、今回お伝えしたいのは「賄賂《ワイロ》」についてである。

途上国や治安が不安定な地域を訪れたことがある人ならば賄賂を要求された経験もあるだろう。

役人のような権力を持った人間が賄賂をとることが黙認されているのは、総じて途上国の場合が多い。もちろん個人的に要求される場合や、逆にこちらから金を渡して問題を解決しようとするための場合もあるだろう。特定の国に偏見があるわけではなく、それが現実なのだ。

いずれにせよ不可避な賄賂というのはある。どうやっても渡さないとどうにもならない局面というのがあるからだ。

そこで、どうせ渡さないといけない（取られてしまう）のならば上手なやり方を知っておいてもいいのではないだろうかと思うのだ。社員研修では教えてくれない裏ビジネスマナーとして押さえておくのもいいだろう。なにも別に特別なことではないと思う。上手な賄賂は、これぞ海外を旅する者の嗜みとでも言おうか、わりとあるあるネタの類でもあるのだ。それほど多くの局面で賄賂というのは必要だったりする。私怨も多少入ってるかも

しれないが、できるだけ整理してお伝えすると、不可避賄賂というのは、
・過失の有無に関わらず決定権者に目をつぶってもらうための支払い
・自分の要求を通すための協力費としての支払い
この2つである。

前者は、主に警察などに微罪をふっかけられた時に見逃してもらうために支払うことが多い「見逃し賄賂」。交通違反やタバコのポイ捨て、微罪ではないが麻薬の所持なども見逃してもらうこともできたりする。実際、筆者のまわりの旅行者たちから、タイでマリファナを持っている時に警察に捕まって「1万バーツ（約3〜4万円）払えと言われて、払ったので見逃してもらった」というようなエピソードを武勇伝として語っているのは割と多く耳にした。見逃し賄賂はそれほど珍しいものではないということなのだ。

ただし、ここで注意してもらいたいのは、当事者だけでなくグループで賄賂を要求されることもある。先程の警察にしても現場にいる警察全員であとから山分けすることもあるのだ。そういうときは、あえて見えるように渡すことでほかの警官にも支払い済ということをアピールできる。自分のケースがどちらになるのかの見極めは、それこそマニュアル

があるようなものではないので、しっかりと判断する必要がある。まかり間違って、グループ内には内緒で、お金で見逃してくれるという「都合の良い」担当者だった場合、双方に不利益になってしまうからだ。

もう一方は「協力賄賂」である。これは自発的に渡す金であり、なにか要求があるときに通しやすいようにするためのものである。日本語にするならば「贈賄」といったところだろう。たとえば、ビザ申請ですごく時間がかかるのが嫌で、パスポートの間に現金を挟んで渡す。国境で免税対象をオーバーした嗜好品を持ち込んでしまい、書類を書いて再度申請するのが面倒なので荷物検査をパスするために係官にそっと渡すと比較的簡単なやり取りでもおこなわれる。あと、私の立場だと取材パスを発給してもらう時に書類に10ドルぐらい挟んでおくということもある。

見逃し・協力、どちらのパターンでも「現金」で渡すのが鉄則である。手渡しするにしても、財布から直で現金を抜くのは、さすがに愚行である。冊子などに隠せないときは、小さく畳んで握手しながら受け渡しをする。とにかく目立たずにするように心がけてもらいたい。

もうひとつ知っておいてもらいたいのは、賄賂の金額設定である。実は筆者の場合、「どうやって賄賂の値段を決めてるんですか?」との質問をされることが非常に多い。一応、基準がなくはないので、そのあたりのことを説明しておきたい。

見逃し賄賂の場合には、向こうが要求してくることもあるので、状況が許せば減額の交渉をすることもあるが、基本的には言い値を用意することだ。それ以外のときには、その国の最高額の紙幣を数枚渡すことだ。ただし、額面が大きくない国もある。そのときは、その国の一般的な昼飯の2、3回分を支払うのがいいだろう。ただし、支払う相手が複数いる場合には、支払額×人数になってしまうので、総額には注意が必要になる。

とはいえ、支払う局面は人それぞれなので、自分の要望と相談して話を持ちかけるかどうかを決めてもらいたい。特に最近では警察腐敗が刷新されて賄賂そのものが受け取ってもらえない国もあったりする。そもそも警察や公務員の買収は犯罪であるという前提を忘れないでもらいたい。

警官のトリセツ（取説）

権力の番人。政府の代行者である警察は、アメリカのブラックライブズマターでも明らかなように世界中で嫌われたり、憎しみの対象になることがある。

だが、取材者としては憎しみのターゲットにするよりも、上手に付き合っていくことで心強い味方になることもある。では、どうやって仲良くなればいいのか。この質問を「警官と仲がいい」と称する人に重ねていくと「偶然知り合った」「たまたま仲良くなったら警官だった」的な返事を返してくれる人がいる。だが私に言わせれば、そんな不確かな状態には乗れない。もっと確定的に距離を縮めるための方法が必要なのだ。

「俺の友達の友達が警官で紹介してやるよ」

こんなことを仮にフィリピンの安酒場あたりで、偶然隣り合った人に言われたらどう思うだろう。ノリがいい人だったら「マジで〜」とか言って紹介の流れに持っていけるかもしれない。だが、私としてみれば正直言って不安しかない。そもそも友情のような信頼関係は当事者間でのみ発揮されるもので、第三者が絡んだ途端にもろく崩れ去るものだ。それを知り合ったばかりの人の繋がりに託す気にはならない。

では何を絡めるのがいいのか。それは「命令」か「雇用」である。冒頭でも紹介したように警察官はあくまで権力の代行者なので、その上には本当に権力を握っている人がいる。その人から「こいつを守れ」と言われた場合には、業務命令なので対応せざるをえない。そういう意味でも、どこと繋がって、誰から紹介されるのかというのは、ものすごく大事。むしろ命令では、それだけしかないといえるだろう。もう一方の雇用だが、これは金で雇うことを指している。

「警官を金で雇えるの？　違法じゃない？」

日本にいるとそんなことを思うだろうが、大抵の発展途上国では警察官を雇うことは可能だし珍しいことでもない。個人的に雇用することもできるし、難易度が高いようならば警察署の責任者や役所などで正面きって頼むと意外と引き受けてくれることもある。注意しなければならないのは、彼らとの関係が雇用関係や命令された業務でも、個人対個人のコミュニケーションが必要になるということ。警官だって人間だから、「こいつはいい奴だから助けてやろう」という気持ちのさじ加減は働くのだ。もちろん、ここでいういい奴には、金払いのいい奴も含まれる。

過去にアフリカのケニヤで警察を雇ったことがある。治安の悪いエリアを日本人が単独で歩くのは危険なので、取材許可を出す条件として警察官を雇用すると役所と正式に書面を取り交わした。とはいえ半日だけの付き合い。適当にいなしておこうと思っていた。だが、警察が一緒に動くということは、彼らに私の取材をストップできる権限があるようなものだ。機嫌を損ねてはいけないと思い、積極的に話しかけたりした。

しかしどうにも笑顔が出てこない。ずっと携帯電話をいじっているだけで会話にものってこない。これではどうにもならないと思いながら、休憩のタイミングに売店で自分用の飲み物を買った。すると警官が物欲しそうに見ている。

彼の分も買って渡すことにした。その後も彼に食事やタバコなどをおごってやると、一気に機嫌も良くなった。結局彼も上司に言われただけで、自分のポケットに金が入るわけではない。だから外国人である私が個人的に彼に心付けを渡すと、それが直接の収入になるのだ。だが、周囲の目もあるので露骨に現金を要求することができないというのが雇われている警官の言い分でもある。これは割と多く途上国の警察でいえることだ。

ところが、こうした対応が通用しなくなってきている国もある。それはタイの首都バンコクの警察である。ひと昔前は、たとえ麻薬所持で逮捕されても警察に賄賂さえ払えばすぐに釈放されるといわれていたが、クーデターで軍部が政権を握ったことで汚職に対する取り締まりが一気に厳しくなった。賄賂を渡すとその分の罪も加算されてしまうというのだ。

そんなわけなので、警察官を上手に使うのも一筋縄ではいかないということを覚えておくべきかと思う。まあ、そんな状態にならないのが一番いいのだけれど。

タバコは危険地帯取材に不可欠

不良がタバコを吸うのがどこかカッコイイというイメージは昭和生まれ世代まで。いまや健康にもたらす影響が懸念され「悪」であるかのように扱われている。時代の流れで仕方ないところもあるし、非喫煙者の横でプカプカと吸って煙がかかれば迷惑千万であることは否めない。

ただ、海外の危険地帯を取材するうえでは非常に有効なアイテムとなる。取材アイテムとしてのタバコの役割は大きく3つある。

1、蚊よけ
2、タイミング調整
3、支払い代価

蚊よけについては煙が重要である。たとえば密林に入るのであれば、相応に準備もしてくるだろうが、田舎のほうで取材をするとなった場合には、虫対策などしていないことも多い。そこでタバコを使って蚊よけにすることがある。

少数民族のゲリラ取材でミャンマーの片田舎を訪れている際に、宿が停電してエアコンどころか扇風機が動かなくなったことがあった。そうなっては窓を開けてしのぐしかない。ところが、窓を開けると蚊が大量に入ってくる。東南アジアでは虫は危険な存在で、マラリヤなどの病気を運んでくることもあるのだ。そのため室内でタバコを吸うなりして煙を充満させることで蚊への対策にした。僻地だけでなく、下水道やトンネル、廃屋といった都市部でも蚊は多いので油断はできない。

吸うときにはできるだけ肺に入れずに口でふかすのがポイントである。ずっと吸っていると体調にも悪影響になるし、なにより経済的じゃない。タバコだってタダじゃないのだ。むしろ単価的には高級品である。

タイミングの調整は、アンダーグラウンドな人々との交渉や雑談で必要になる役割だ。ワルい連中を相手に交渉するには、こちらも頭を回転させて知恵を絞りだす必要がある。

交渉ではどこで足元をすくわれるかわかったものではない。日本人が考える以上に交渉というのは重要なのだ。とはいえ、即答することができない質問もある。スラム街を取材させてもらう際のギャラやボディーガードがわりの案内人の人数といった、その後の展開に大きく関わるものだとなおさらだ。そんなときにこそタバコを使うのだ。交渉では沈黙すると追い詰められたり、迷っているように見られるのだが、タバコを取り出して吸ったり、火を付け直しているときには、時間のカウントを止めてくれることが多い。

以前、非喫煙者の友人から「タバコを吸う人は間《ま》があって、長い話をしていると飽きてしまう」と言われたことがきっかけで気がついた。それから何度か観察していると、たしかに喫煙者は独特の間がある。それをできるだけ活用してみようというわけだ。あとは、途上国に限らず、ワルい連中というのは大抵が喫煙者であるからだろう（丸山調べ）。しかも、タバコを吸ってリラックスできるので一挙両得ともいえる。

最後に支払い代価としての役割だが、これは文字通りである。通貨として使うことが可能なのだ。タバコは嗜好品のなかでも、手頃な高級品である。特に世界的な健康ブームから各国税金を重くしており、アメリカでは１０００円近くで販売されている。アメリカに隣接していても、ジャマイカのようにカリブ海の島国の場合、自国のタバコがほとんどないこともある。そうなるとアメリカのように高い国から輸入するしかない。そのため値段が下がらず必然的に高級品となる。一箱が1000円近かったとして20本入っていれば1本あたり50円の価値になる。1000円は渡せば終わりだが、タバコなら最高で20回の支払いができる。

また発展途上国では、そもそもタバコを箱売りしていないことも多い。一本ごとのバラ売りが定番で、ライターは売店で借りるというのが普通の光景である。そういう場所ではタバコを代価として支払うのは、わりと定番の報酬となる。とはいえ、実際に物品を買うときに支払うのではなく、ちょっとした情報を提供してもらった見返りにタバコを2、3本渡すのだ。いちいち現金を払っていたらきりがない。できれば現地タバコよりはマルボロのようなアメリカタバコか、日本製のタバコだとプレミア感があるので喜ばれる。

もちろん一本ではなく箱で手渡した場合にはスペシャル感があるので、それ自体がそこそこの報酬として扱うこともできる。ばらまき方もきちんと計画的にやっておきたいところだ。

最後に繰り返しになるが世界的には禁煙傾向にあるため、役に立つだけではなくどうしてもネガティブな要素もあるので、そのあたりは気をつけてもらいたい。

スラム取材の心得

スラムとはなにか。

実はこれが難問である。危ない、怖い、ごちゃごちゃ、貧困などの言葉で括られるので、単純なようでありながら、スラムの定義というのはものすごく曖昧だ。一般的には、都市部の貧困層の人々が違法に占拠しているエリアで、人口密度が過密な街のことである。

危険地帯の代表格というイメージが強いのだが、これまでに世界各地のスラム街を取材してきた経験から思うのは、危険であっても「やってはいけないこと」をしなければ、大きなトラブルに発展する可能性は低いということだ。

それでもスラムが「無法地帯」と表現されることもある。ちょっと矛盾しているようだが、ある意味でそれは当たりでもあるのだ。たとえば、暗くなった時間帯に一人で歩いていれば無法者や酔っぱらいに絡まれたりすることもあるだろうし、強盗にあうことだってあるかもしれない。凶悪犯でなくとも子供が複数で囲んでスリをしてくる可能性も高まる。

結局のところ、それは特別なことではない。海外に限らずコミュニティごとに「そっち行ったら危ないよ」とか「これをやっちゃダメだよ」という常識やローカル・ルールが存在する。

たとえば現金やスマホを持ち歩いていて強盗に遭遇した場合、「そんなものをもって歩くやつが悪い」と言われるエリアだって本当にある。ケニアのキベラスラムでは、最強の白人と呼ばれる男がいた。そいつは財産と呼べるものを何ひとつもっていないので、それが知れ渡ってからはどんな強盗も避けていくという（ということは何度か強盗被害にあっているということなのだろうが）。ちなみに普段は小学校で寝泊まりしているという。

さて、こうしたローカル・ルールや地域常識のようなものがスラムにもあるのだ。ということで、スラムを歩いたり取材するには何に気をつければいいのか、私なりのスラムの歩き方を紹介しておこう。

・「交通手段はない」と心得る！

フィリピンでもインドでもいいので、タクシーに乗って「スラム街に行ってくれ」と運転手に伝えたら高確率で「あ!?」となって拒絶されてしまい、どうしていきたいのかの意図が伝わらない。そもそも地元の人であってもスラムは眼中に入れないことが多く、詳しい場所を知らないこともある。なにより治安を理由に行ってくれない。

向こうから「タクシー、タクシー」と声をかけておきながら「スラムに行って」と言った途端に乗車拒否ということもある。実際に経験したことがあるので間違いない。そこで、私はどうやってスラムに行って取材しているのかといえば、前もって車を手配したり（運転手付き）、タクシーを一日チャーターしたりする。一日チャーターといっても限度があって2〜3時間がせいぜいといったところ。

旅人の体験談で朝から晩まで面倒を見てもらって格安の値段で済ませた的な武勇伝を聞くこともあるが、いくらなんでも善意に甘え過ぎかなと思う。そこに旅してくるのは自分だけではない。あとから来るであろう旅人のことも考えて地元の人たちの印象を良くしておくことも大切なのである。

いずれにせよ、タクシー運転手と契約関係を結んでおくことだ。その際に注意するのは、なんの目的で何をやりに行くのかを正直に話しておくことである。場合によっては、運転手の段階でローカル・ルールに引っかかるので「絶対に」辞めたほうがいいと言われることもあるだろう。その場合には素直に従うことだ。逆に、内容的にそれほどでもないと運転手が判断した場合には、協力的になってくれることもあるだろう。いずれにせよ、なるべく詳細な場所を具体的に伝えて、地元民ならではの意見を聞いておくことだ。

・「地図はない」と心得ること！

スラム街は道が入り組んでいる。定義でも触れたように違法建築によってつくられた街なので、計画的につくられたわけではない。はっきり言って迷路である。初めて訪れた人は、まず迷うことだろう。そもそも、外部から来た人が歩きやすいようにすることなど想定していない。つまるところ住人ぐらいしか入ってこないのだ。

どこの国であっても同じだと思う。日本で買えるガイドブックの地図がスラム探索で役立つことはない。私の得意技でもあるグーグルマップを使って上空から見たとて、入り組んだ路地では自分がどこに立っていようとも現在地を見失ってしまうことがほとんど。しかも電波状態が悪ければ、肝心のグーグルマップも使えない（オフラインの裏ワザはあるのだが、それはまたどこかの機会で紹介できればと思う）。

とはいえ住人に案内してもらう以外で頼れるのはグーグルマップしかないのも確かである。その場合、深くスラム街に入ってしまう前に現在地ではなく方角だけをロストしないように心がけている。大通りに出るには何を目印にしてどっちの方向に歩けばいいのか、視界に入っているモニュメント的な建物は何で（名称を確認しておく）どこにあるのか、といったことをチェックしている。あまり細かく設定しても意味がないのは、無秩序に建造されたスラム街に一歩踏み込めばよくわかるはず。

・「気を抜かない」と心得る！

スラム街というのは基本的に貧しい人たちが暮らす住宅街だ。「地図」のところでも触れたが、観光客はもちろんのこと外部の人間が入ってくることが想定されていない。そのため腰を落ち着けるような店もなければ、座って休めるスペースが限られていることだってある（住人だったら家に帰るので当然である）。

おまけに道の大半は見通しが悪く、いきなり死角から人が現れたりもするので（向こうからしたら普通にいつもの道を抜けただけに過ぎなくとも）、とにかく気が抜けないのだ。これは繰り返しになるが、スラムの住人は悪人ではないし、家族が暮らしていてコミュニティが形成されている。いい人もいるけど、悪意を持った人に出会う確率が高いのもまた、スラム街なのである。そういった意味でも、ホテルに戻るまでは気を抜かないということを徹底するぐらいはしておくべきだろう。

これらを最低限の心得として知っておくことで、明日からひとりでスラムを歩くことができるだろう……多分ね。責任取らないけど。

スラム案内はハウマッチ？

「南米のスラム街取材してきたんすよ」と、あるイベントで来場者に声をかけられスラム巡りの話をされた。あからさまに「俺のほうがすごいだろ」感を漂わせてきた。世間一般で言うところのマウンティングと呼ばれる威嚇方法である。最近ではネットのレビューやコメント欄で見ることができるので、みなさんもご存知かもしれない。

イベントで私の前に現れた人は、話しぶりからして、どこかに書いているライターや旅行作家、ジャーナリストではなく、単なる旅行好きのようだ。私のイベントに来てくれたぐらいだから、きっとファンでいてくれる人なのだろう。だから、たとえマウンティングされてもイラっとくることはない。むしろ、こういう冒険心について好意的に思っているぐらいだ。

ただ、聞いていて「そんなやり方でスラムに行ったの……」と、こちらが不安になってしまうことがある。スラム街の探索が、タクシー運転手に頼んでスラム街を流しただけだったり、数分間だけ街角スナップを撮影したといったものだったときだ。マウンティングしてきた人がまさにそうだった。

旅行自慢だったらいいし、私にもそういうことをしていた時期もあるし、いまでも、そのぐらいの訪問で留めることもあるから、スラム探索のやり方として選ぶ気持ちもよくわかる。ただ、取材を目的にして行く人間には物足りなさがある。その人にもっと踏み込めというのではなく、私だったらもっと踏み込まなければならないのだと思う。

すべての旅人に真似してほしいわけではないが、あと一歩踏み込みたい人に向けて、スラムにあと一歩、踏み込む方法を紹介しようと思う。

私的におすすめなのは「友達」である。友達がいればリスクもなくスラムに入りやすい。住人の友達がいれば問題はないが、住人につながっている妥当な関係性があるような人ならば大丈夫だろう。

さきほどタクシーで訪れるのに否定的な言い方をしたが、車を使って行った気になるなということではない。私も車を利用して取材することが多いし、車が入っていける範囲ならば車で移動する。

東ヨーロッパでロマの集落に行った時も車だった。そこは集落と言っても年季の入った文化住宅、いわゆる団地だった。団地の敷地内に掘っ立て小屋が立ち並ぶところだった。私が運転手に「ここで止めてくれ」と言うと「NO」と言って止まってくれない。「なぜ止まらない?」と言い返し、やや口論に発展したので、運転手がスピードを緩める。すると、それまで視界には存在すら見て取れなかった男たちが何人もバラバラと出てきたのだ。その瞬間に「あ〜ここはダメなところだ!」と思って運転手に「行ってくれ」と伝えた。

このように入ってはいけない領域というのは確実に存在している。だからスラム街の取材と称して、短時間で駆け抜けてくることを否定もしないし、正直なところ無事に戻ることができさえすれば、それでいいと思っている。

それでもスラムの奥深くを見たいのであれば、友人やその知り合いではなく、案内人が絶対に不可欠である。案内人を手配するにはどうすればいいのかというと、地元の人を一日雇うのが定石である（専門のガイドがいればそれに越したことはないが）。現地のホテルで手配してもらったり、在住邦人の知り合いを通じてできそうな人を手配してもらったりもする。いずれにしても職業的なガイドであることが条件である。

それができないときには、あらかじめFacebookなどSNSを通じて現地の人とコンタクトをとったりするが、これは不確かすぎるので、スラム経験が不足している人にはあまりおすすめはできない。

さて、案内人を得た後にすることは条件の確定だ。具体的には金額と自分が何を見たいのかである。仮に案内人が「タダでいい」と言ってきたら、それは何か裏があると思っていい。その時点で断って別の人を探すのが無難だ。他人を相手に裏があるのかどうか直接聞きくことはできないとしても、できるだけの探りを入れておいたほうがいい。もし条件が土産物屋とかに連れて行かれるようなものだったら、ギャラ代わりに買い物でもしておけばいい。

ちなみに案内にかかる金額についてだが、その国の平均的な日給を算出しておいて、それに色（チップ）をつけること、昼飯やお茶などを奢るといった経費こちら持ちというのが基本である。払い過ぎたりすると、なにか危ないことがあるのではないかと、こちらが勘ぐられてしまうので注意が必要だ。

あとは、何が見たいのかという動機だが、これは目的地に到着する前に必ず確認すること。私の例で言えば、スラムの住人の家に入りたいので交渉をするとか、スラム内で食事をしたいので、可能なところがあったら教えて欲しいなど、なるべく具体的に伝えるようにしている。なにごともハッキリとしておくことが無用なトラブルを産まないコツである。それがスラムのような危険地帯ならなおさらである。

危険地帯取材のコネクション

よく「体当たり取材をしている」と言われる。私のやり方は第三者からすれば、無茶をしているように見えるのかもしれない。正直なところ無茶な取材もしている。相応にヤバい橋を渡ったり、時には勢いだけで「やっちゃえ！」とか「後のことなんて知るか」ぐらいの気持ちで突っ走ってしまうこともある。

しかし、そんなノリだけでは超えられない壁があるあたりが危険地帯取材の難しいところだ。たとえばスラム街ならば、見ず知らずの人間が話しかけても相手にされないか、問答無用で排除（暴力的な意味で）されてしまう。

そういうときにどうやって障害を乗り越えていくのかといえば、「コネクション」を使うのだ。俗にいうところ「コネ」の活用しかない。コネとは担保付きの信用である。特に裏社会や犯罪組織のような相手を取材するときには、誰かの紹介であるということが通行手形になるのだ。

一般的にコネというと、紹介者がいてその人の信用を担保にして様々な便宜を図ってもらうことになる。だから紹介者がいれば一番手っ取り早いのだが、不意に訪れたスラム街のギャングなんかでは、都合よく知り合いがいて紹介してもらうなんてことにはならない。そういう時にはコネをその場で作ってしまうのだ。

「この（スラムの）中に入りたいんだけど、案内してくれる人っていないかな？」

時にはこのような感じで話しかけて、そこから話を具体的にしていって、「リーダーに会いたいんだけど」と、ハードルを上げてそこにつながる人を紹介してもらう。裏に繋がるルートを自ら開拓していくのだ。

その際に最初に話しかける相手は居場所が固定している人がいい。売店や食堂などの人が最適だ。商売をしている人は自分が仕事中で動けないことが多いため、誰かを紹介するしかない。なにより顔が広い。しかも、商売をしていることで、その人の身分証明がある程度果たされているから十分に担保になる。そこで紹介される人は、ある程度信用できると思っていいだろう。

このやり方は不確定すぎるので、一応、アマチュアは手を出さないほうがいいよと警告しておきたい。紹介してもらうことで生まれるコネクションは脆弱であり、突然裏切ったりしないとも限らない。謝礼をきちんと支払ったりして、破綻を防ぐ努力はしておくことを忘れないでもらいたい。それと、案内人などには、後払いを約束するのがいい。ときには、「ホテルのセキュリティボックスにお金を入れているからとってきたら渡す」だとか言ってしまうのも手だろう（状況次第だが、その場限りにしたい場合には、現金手渡しを推奨する）。

それと、もう一点注意してもらいたいことがある。現場で作るコネではなく、事前に紹介してもらうパターンのコネの場合、紹介者のランキング＝自分のランキングになる。案内している人が立場の弱いチンピラだったら、それよりも立場の強い地元の人間にしてみれば、同じ程度の相手だと見下してくる。

これはルールではなく、集団に生きる人間の習性といえるだろう。実はこのことは海外の危険地帯ではなく、日本の裏社会取材で学んだことである。ヤクザを取材するならばできるだけ役付（地位のある人）から入るというのが、裏社会ライターの基本だからだ。若い衆の知り合いで行っても親分を取材しにくいが、親分の紹介なら組織の隅々まで取材可能になる。

押さえるところを見極めれば、危険地帯でもある程度は入っていくことができるのである。逆にそれができないということは、猛獣の檻に飛び込んだ餌でしかなくなってしまうので要注意である。

振る舞い酒の正体

「ささ、みんな飲んでくれや！」

本当にこんなふうに言っていたわけではないが、あたかも「グイッとやってくれ」と言いそうな雰囲気で、周囲の人たちに気前よく酒をおごっている人をスラムで見かけることがある。私が謝礼金を渡した直後のことが多い。

気になって「どういうこと？」と問いかけても「へへへ」とあしらわれることが大半だった。貯金大好きな日本人ならば「もらったそばから使っていきやがって。だから金が貯まらんのだ」と、短絡的に考えて終わりにしてしまうこともできる。だが、ちょっと待ってもらいたい。実は振る舞い酒にはスラム街ならではの理由が隠されているのだ。

それを説明するために、振る舞い酒とは真逆の例を紹介しよう。インドのムンバイにあるダラヴィというスラム街を取材した時のことだ。昼時の民家の前に差し掛かると、妙に良い匂いがした。歩きまわって空腹だったこともあって図々しくも立ち止まっていると、開けっ放しの扉から顔が出てきた。どうやら、調理している本人でこの家の主の奥さんっぽい人だった。年齢は30手前くらいだろう。

「ランチですか？」

声をかけるとニコッと笑みを浮かべた。

「良かったら食べて行きなさい」

家の中に招き入れてくれたのだ。部屋は大きくはないがテレビなどの家電もあり、清潔に掃除されている感じだった。座って待っていると、フライドフィッシュ（魚の素揚げ）とカレーが出てきた。ライスがなかったのが物足りないが、他人様の家に上がり込んで贅沢も言えない。女性が「どうぞ」という感じで目の前に置いてくれたので、魚を手づかみでパクっと口に運んだ。油っぽさはあるが塩気もあって非常に美味しかった。その後、生活の様子などを聞いて立ち去ろうとした際に、御礼だと言ってお金を渡そうとすると「結構です」と拒否された。仕方なしに外に出ようとすると、入り口に近所の人らしき面々が結構集まっていた。おそらくは外国人が家に入っていったのが珍しかったのだろう。どこのスラムでも娯楽や変化には飢えているものだ。

この段階でようやく気がついた。奥さんは、近所の目を気にしてお金を受け取らなかったのではないか。そう思ったので、振り返りざま、紙幣を小さく折りたたんで玄関側に見えないように隠しながら、握手をするようにしてそっと手渡したのだ。すると、彼女は最初と同じような笑顔になった。

スラムに対して、日本が失って久しいといわれるノスタルジーや人情なんかを求める人がいる。たしかに貧しいからこそ人間関係が密接になっているので、助け合いの社会に見えることだろう。しかし、その一方ではちょっとした噂が独り歩きして、嫉妬の対象になったり、いじめのようなご近所トラブルにもつながりかねない危険性だってあるのだ。

ジャマイカのスラムでは、嫉妬が原因で殺し合いに発展することだって日常茶飯事だという。そのことをわかっている奴は、自分に臨時収入があると周囲にごちそうするなどして「自分だけがオイシイ思いをしたわけじゃない」と印象づけるのだ。もちろん、自分が奢る側だけではなく奢られることもあるからこその行動でもある。このように平等に利益を再分配するひとつの形が振る舞い酒なのである。

キングストンで筆者も振る舞い酒にありついた。
ちなみに割りものはエナジードリンクだった。

裏社会の写し方

スクープ狙いの週刊誌記者のような仕事とか、ドキュメント企画の潜入取材要員とか、とにかくそんなことばかりやっていた時代が私にはある。その頃に習得したテクニックに隠し撮りがある。

カメラを隠し持って被写体に迫る隠し撮りは、危険地帯を取材するジャーナリストでなくとも必須のスキルのひとつである。特に潜入取材では重要な役割を果たす。証拠となる映像の重要性が増している昨今、いかに記事を書こうとも、映像ひとつで説得力がまったく違ってくる。芸能人の熱愛スクープが写真のあり・なしで話題性が大きく違ってくるあたりからもわかるだろう。

芸能人が女の子と飲み屋でイチャイチャしている様子だったり、工場や会社などで違法行為が隠蔽されている現場で取材する側にしてみれば、いついかなるときにカメラを出して撮影するのかというのは相当重要な判断になる。

私が取材する際に活躍してきたのは隠しカメラだった。ペン、ライター、メガネ、スマホ、腕時計などなど、様々な形状でカモフラージュされている。特に重宝していたのはｉＰｏｄ型やライター型だった。

ちなみにジャーナリストの山路徹氏は、軍事政権下のミャンマーに潜入取材をした際に、現場を撮影するのに胸に挿したペン型の隠しカメラを使用していたそうだ。山路氏よりその話を聞いてしばらく後、私は既に民主化していたミャンマーに赴いた。その際、山路氏が拘束されたミャワディという都市にも滞在した。

当時、山路氏とメールをやりとりしていたのだが、氏の過去の経験もあったのだろう。こちらを気遣うメッセージをいただいて感激したものだ。ただ、街の中心部にあるカメラ屋でペン型の隠しカメラが販売されていたのには、さすがに膝から崩れ落ちてしまった。ちなみに山路氏にはこのことを未だに伝えられないでいる。

さて、肝心の隠しカメラ本体だがいまはあまり活躍の場がなくなっている。現在は誰もがスマホを持っている時代である。スパイさながらの潜入取材ならまだしも、スマホを持っていても違和感のないような場所であれば、大抵の場合には無音のカメラアプリなどで撮影して済ますことができる。

テクニックもクソもない話ではあるが、これが現実といったところなのだ。特にスラム街における携帯電話の普及率は高い。これまでは固定電話を導入する以外に手段はなかったが、携帯電話なら設備投資が不要なので固定電話の普及しなかった発展途上国でこそ急速に普及したといえる。というのも、海外ではプリペイド方式が普及している。使った分だけ支払って、なくなればチャージするというわけだ。

そういう場所であればスマホや携帯のカメラで撮影したところでなんとも思われない。こうした場所が世界中に増えており、むしろ取材者である私のことを珍しそうに撮影する地元の人だっているぐらいだ。自分がスマホを握っている姿がSNSに晒されないかということも、最近では妙に気になる点である。

なぜ危険地帯を旅できるのか

ここ数年、危険な場所を旅したり取材したりするジャーナリストとして認知されるようになった。知り合った人から「なんで危ない場所にいけるのか」と質問されることもしばしばある。

今回は、私が危険地帯を旅したり取材できる理由について紹介しておきたい。必要なことは2つである。「経験に基づくテクニック」と「シンプルな動機」。まずテクニックの方だが、本書でも紹介しているので、そちらを参照してもらいたい。

ただ刻々と状況が変化するスラム街などでは、そこで紹介しきれなかったテクニックや心得的なこともまだある。たとえば、過去の経験から導き出したのは「早く歩く」である。

ギリシャのスラム街を歩いていたとき、スマホで地図を確認していたこともあってわりとゆっくりと歩いていた。すると、どこからともなく「おい、どこから来たんだ」と声をかけられた。それも、いつもより頻度が多い。身なりはだいぶヨレヨレで、とても金を持っていそうな外国人旅行者には見えない有様だった。というのも、当時はシリア難民と一緒に陸路でドイツを目指すという取材の帰りで、相応に薄汚れていたのだ。その理由には思い当たることがあった。

バンコクの風俗街の裏路地を抜けていた時のことだ。深夜に差し掛かった時間帯と酔っぱらいが多い場所だけあって、ガラの悪い連中も集まってきていた。なんらかの手段で、外国人観光客から小銭をせしめようとする魂胆を秘めた連中もいたことだろう。そこを抜けようとしたのは、道の先に宿泊先のホテルがあったからだ。

私は脇目も振らず早足で通り抜けた。すると誰も声を掛けてこない。私はギリシャのスラム街も意識的に早歩きで抜けてみることにした。予想通り、誰も声を掛けてこなかった。これは強盗対策というよりも、うっとうしい声かけを避けるやり方だが、かなり有効といえるだろう。このように経験に基づく判断が、危険地帯を歩くテクニックとなっていく。

もうひとつ、これは「自分に嘘をつかない」ということである。危険地帯取材は誰かに強制されているわけではない。自分が好きで選んだことである。それなのに、取材が行き詰まったりいまひとつ入り込めない雰囲気が漂ってくると、ついつい「取材を辞める理由」を探してしまうのだ。場違いな例かもしれないが、スポーツジムや格闘技道場に通い始めて、少し経つと行きたくなくなる時に似ているかもしれない。ちょっとした動機のほつれを見つけ出し、「思っていたのと違ったからやめよう」と自分に言い訳をしだすやつだ。しかし、「行きたい」とか「知りたい」などのシンプルな理由だけしか持っていないと、「行きたくない」とか「知りたくなくなった」という根本的な自己否定にしかつながらない。「何のためにここまで来たんだ」と、自分の立場を見つめ直すマインドにつながりやすくなるのだ。もちろん「どうしてもダメ」という結論に至ることもあるが、そいうときには無理せずに引き下がることもひとつの選択である。

私の場合、とにかくシンプルにすることで、弱い自分の心を奮い立たせることがほとんどである。自分なりのシンプルな動機が醸成されると、やがて自分の中に絶対に諦めない心が生まれてくる。そうなれば少々の危険なんかどこかにいってしまい、前のめりで取材に集中できるのだ。

この2つのことは、日常生活でもきっと応用できることがあると思う。安易な選択をしそうになったり逃げ癖が芽生えそうになったりしたとき、少しでも役に立てたら幸いである。

筆者が駆け抜けたギリシャのスラム街。雰囲気は最悪である。

スラム街

スラム街が危ない本当の理由

取材に限らずスラム街に踏み込む際に絶対に守っている原則がある。それは「夜禁止」である。日本でも子供が夜出歩くのはよくないこととして教育されているように、スラム街でも夜に出歩くのはリスクしかない。日中、どんなにヘヴィに取材を重ねていても日が暮れ始めたら帰り支度をする。夜はスラム街を確実に後にするようにしているのだ。これだけは、どんなにタイトな取材スケジュールであっても守るようにしている。

フィリピンのトンド地区を取材していた時のことだ。路地裏の細い道で角材を担いで歩いている中年男性に出会った。話しかけてみると「家の増築用の資材を運んでいる。せっかくだから見に来れば」と気さくに応えてくれた。人の良さそうな顔をしているし、増築するということは家族と住んでいるはず。それならば悪い展開にはならないだろうと、彼の家におじゃますることにしたのだ。

家に行ってみると、3階建の雑居ビルのような建物で外階段を登ったところに部屋があった。このスラムの中では立派な部類だった。男性は奥さんと子供4人の6人家族で長女が大学に入ったのをきっかけに部屋を拡張するのだという。気になったのは部屋に入るまでの外階段に侵入防止の鍵のついた柵をつくりつけていたことだ。「このあたりは治安が良くないのか?」と聞いてみると、「顔見知りばかりが住んでいるので、そんなことはない」とのこと。そこで「では、なんであんなに頑丈な柵をつくっているのか?」とたずねた。すると「夜になると外から悪い連中が入ってくるので、そいつらが侵入しないようにしているのだ」と教えてくれた。さらに「夜はレイプや殺人も起きるので娘はもちろん、妻も外出はさせない」という。この男性が言っている外の悪い奴らというのは、スラムに土地勘のある外部の人間のこと。つまり犯罪をするのはスラムの住人ではないのだ。このことは、他の国のスラムでも同様だった。大きなスラムだと仕事があるので、そこで働いたことがあれば土地勘もあるし、どこの家に金があったり、若い女が暮らしているのかわかる。そうやって、狙いをつけたりして強盗や強姦をするのだ。

私がスラムで夜を避けているのは、こうした連中と鉢合わせないようにするためでもある。もちろん、トンド地区で出会ったような家族の家ならばひと晩ぐらいごやっかいになって泊めてもらうこともやぶさかではない。しかし、大抵の場合にはその家から出ることなく過ごすため、密なコミュニケーションを重ねるだけで、スラムの全容を知ろうとする私の取材スタイルにはマッチしないので、宿泊のお誘いがあっても丁重に断るようにしている。もちろん同じ場所に通って関係性を深めていくことも重要なので、タイミング次第では、スラムで生活してみたいとも思っていたり、いなかったり。

フィリピンに住んでいる友達によれば、トンド地区で起きる事件が多すぎてニュースで報じられることはほとんどなく、犯罪件数もカウントされることはないそうだ。犯罪統計のような資料にはあらわれてこない治安の現実というものもあるので、現地の人の声には耳を傾けておくのが得策だろう。

スラム街最強の生物

スラム街で一番怖いこととは?

私のように危険地帯を旅するジャーナリストを生業にしていると、時々、返答に時間を要する質問をされることがある。この質問もそのひとつ。これまでは、各地のスラムの怖い体験からアドリブ的に導き出した何かを提示してお茶を濁してきた。だがあまりによく聞かれるので、きちんと整理してみようと思っていた。

まず、私がスラムで恐ろしく感じるものを列挙してみよう。

犯罪(ひったくり、強盗の類)、食事(不衛生な材料を使用するもの)、ゴミ(路上に落ちているガラスなど)、糞尿(路上に放置されているもので不意に踏んでしまう)など。

どれも嫌なのだが、慣れもあるので対策もすぐに浮かぶ。犯罪については経験を積んでいたり現地の顔役に話を通すなどしておけば、絶対とは言わないがある程度は回避できる。食事も必要に迫られなければ別に食わなければいいだけの話だ。ゴミや糞尿にいたってはそれこそ自分の注意でなんとかできる（できないほどの一面に落ちていることもあるが、この際そこはカウントしないものとする）。

正直、どうにでもなるものばかりなのだ。だが、確実に避けようのない恐怖というのが存在している。それは「犬」である。特に警戒しなければいけないのは、人に飼いならされていない野犬である。

動物番組などでは、出演タレントよりも動物に気を遣うそうだ。人間と違い演出しようにも交渉の余地がない「ガチ」な要素となるからだ。

そんな野生を秘めた犬たちを途上国ではよく目にする。スラムに行ったならば、無警戒に寝転んでいる様子をそこら中で見ることができる。ただしそれはデイタイム限定の姿、奴らが活動するのは日が落ちてからなのだ。

現在ではビーチリゾートとして知られるタイのパタヤ。ここに20年ほど前に訪れた時のことである。今でこそリゾートホテルが林立するエリアだが、当時は繁華街の裏手などは一面の荒野だった。私が泊まっていたホテルは、そんな場所を抜けた先のバスターミナル近く。当然ながら夜遊びして帰るときは荒野を突っ切ることになる。

ある夜、ひとしきり遊び終えてホテルに戻るとき、夜食用に買ったハンバーガーを持ったまま歩いていた。不意に背後で生き物の気配がした。振り返るまでもなく「グゥルル」という低い唸り声でわかる。チラっと目をやると複数の黒い影がついてきていた。狙いが私の夜食なのは間違いない(いい香りが漂っていたので)。結局、そのまま距離を保ったまま早歩き。徐々に距離を詰めてくる犬たちの野生の本能にビビりながらも、こちらの食い意地も負けていない。絶対に渡してなるものかと最後はホテルまでダッシュして事なきを得た。

これは奇跡的にうまくいっただけで、本来は早々に夜食を諦めておくのが正解である。決して真似しないでもらいたい。

なぜここまで犬を恐れるのか。犬に噛まれてしまうことでの外傷自体が怖いのではない。本当に恐ろしいのは噛まれて「狂犬病」に感染することである。日本ではほぼ絶滅した感染症だが、海外ではいまだ現役である。この病気、感染して発症したら致死率100%なのだ。もし野犬に噛まれたら、現地の病院に入院してワクチンを投与してもらうしかない。

しかも、日本にワクチンがないので、現地にとどまって約2週間も投与し続けなければならない。命も大事だし、スケジュールも崩れる。踏んだり蹴ったりである。犬に予防接種でもしていれば大丈夫だが、スラムの野犬がそんなものを受けているわけもない。しかも暗闇で襲いかかってくる野犬に対して人間が対処する手段はそれほど多くないのだ。狙われて回避できたとしたらそれは運が良いだけ。噛まれることのリスクがどれほど大きいのかおわかりいただけるだろう。

スラムのニッチなビジネス

ニッチな市場を開拓しろ！　ベンチャー企業も大企業もこぞって参入しているニッチとは、ようするに隙間産業なんだと思う。これまで埋まっていた金脈を掘り起こしていくのは、利益を求める企業としては当然のこと。ただし、これは日本に限った話ではない。「そんなところにニーズがあるのか？」という商売に関しては、スラム街のほうが一枚上手のように思う。ということで、今回は私が見てきたいくつかの底辺ニッチビジネスについて紹介していこうと思う。

まず代表的なところでは、フィリピンのスラム街の「パクパク」の仲卸だろう。パクパクはスラム街のような貧困層が食べる廃棄食品の一般的な呼び方である。これをスラムに運びこむのは、東南アジアでマクドナルドに勝利した唯一の外食企業とされるローカルのファストフードチェーン店「ジョリビー」の廃棄物運搬の運転手がやっているアルバイトだ。本来ならきちんと廃棄しないといけないチキンなどの食べ残しをスラムに置いていくだけでお金がもらえるのだ。これほど安易なやり方はない。ただし、これは日本でも同様のことが発覚して大問題になったので、日本では応用できないと思われる。

次に、アジアのみならずアフリカでも見られる商売としてカット屋がある。野菜やフルーツを適当な大きさに切るだけ。顧客の多くは調理スペースが大きくない屋台などである。この商売、間近で見たことがあるが、お世辞にも衛生的とはいえない。そのうえカット面が露出しているので、調理で高熱処理でもされていないと高確率で腹を下すようにも思う。おかげで、最近では屋台の調理スペースがどうなっているのかをチラっとは確認するようになった。結局、空腹に負けてどうでも良くなってしまうのだが。

ほかにも怪しいニッチな商売はある。

これはケニアのキベラスラムで知った。世界最大規模の面積と100万人ともいわれる人口があるキベラでは、多くの人がスラム外へ働きに出る。帰宅時間もまちまちである。

キベラスラムは犯罪が多いことでも知られている。人数が多いのだから比例して多くなるのも当然とは思うが、絶対数が多いので警戒の必要は当然ある。そこで行政が設置したのが街灯である。それも街の暗い場所を照らすため。

「あれができたから暗い場所が減ったよ」

住人たちはそんなふうに語ってくれたが、犯罪が減ったと実感できる人は少ないように思えた。というのも、大通りから路地の中を送るだけの送迎ビジネスが成り立っているからだ。キベラは大通りから一歩入ると迷路のようになっている。そこを一人で歩くのは危険なので、目的地までついていくという商売だ。

「そんな商売成り立つの？　知り合いとかに送ってもらえば済むだけじゃない」

意地悪くこの仕事を教えてくれた地元民に聞いてみた。

「そんなことはない。特に雨の日なんかは誰も送ってくれない。一番危ないのは雨の日なんだ。叫び声も雨音で消されてしまうからな」

特に女性たちにとっては不可欠なサービスらしい。キベラでは強盗のほかにレイプ被害も多い。狙われるのは大抵が狭い路地を歩いている女性で、複数で空き家などに連れ込んで犯してしまうそうだ。そうした被害を防ぐためにもこのニッチビジネスは活用されている。

他にも密告や観光客のアテンド、プラスチック専門の割れ目継ぎなど、とにかく彼らは隙間を探してくるのがうまい。この姿勢は見習いたいところもあるが、なかなか一朝一夕で真似できるものではない。

コラム　海外ウラ事情2

ホームレスと電気

現代人に欠かすことのできない電気。これはどんな暮らしを営んでいようと同じこと。ここでは、ホームレスのように定住する場所を持たない人と電気についてあれこれ紹介してみたいと思う。

まず、そもそもホームレスに電気が必要なのかということだが、これは必要であると断言できる。ホームレスにとって携帯電話が必需品だからだ。

どうも日本では貧乏な人は贅沢品を持ってはいけない的な考え方を持つ人が多いため、意外に思う人がいるかもしれない。だが、日本のように煩雑な手続きを必要としないプリペイド方式が普及しているアメリカなどの諸外国では、ホームレスが携帯を持っていてるのは割りと当たり前のことなのだ。そもそも、使うときだけ金を払えばよいし、スマホであればWi-fiスポットで通信料なしで使用することだってもちろん可能だからだ。

当たり前にスマホを持っているのだとしたら、ここで気になるのはホームレスの充電事情。家のない彼らがどうやって充電しているのか。まず、生活力のあるホームレスだと自動車用のバッテリーを持ち歩いている。

「こいつを友達のところで充電してもらえば3〜4ヵ月は持つんだよ」

以前にラスベガスの地下に暮らしていた元軍人のホームレスに教えてもらったことがある。彼は車のバッテリーをどこからか入手して必要に応じて充電して使用していた。なかなかの生活力だと思ったのを覚えている。

彼のようにサバイバル能力の高いホームレスは、むしろ稀である。そのあたりはさすがに元軍人といったところだろうか。多くの人が利用するのがマクドナルドのようなファストフード店。そこで充電したりフリーWi-fiを使って音楽などをダウンロードしていた。だが、ソーラーバッテリーもよく見かけた。太陽で充電できるタイプの充電器で日本でも発売しているがあまり使っている人を見ることはない。わざわざ使う必要がないからということもあるが、旅暮らしが多い私にしてみると以前から気になるアイテムだったのだ。それを海外で出会う多くのホームレスが所持していたので驚いたのだ。

ホームレスにとって電気が大事である理由は、一度知った便利な暮らしを捨てられない、ということだけではない。彼らのように社会からはじき出されたとしても、縁を切りたくない人というのは存在している。そうした人々と唯一の繋がりが携帯電話だったりするのだ。考えてみれば当たり前のことではないだろうか。そういう意味では現代を生きるすべての人にとって携帯電話とそれを使うための電気というのは、もはやなくてはならないものになったのだろうと思う。

最後にアメリカでソーラー充電器を持っていたホームレスとこんなやり取りをしたときのことをお伝えして終わりにしようと思う。

「使い勝手はどう？」

「便利だよ。別になにもしないでも充電されるし。ただ、そんなにたくさんの電気をチャージできないんだけどね」

「フル充電はできないの？」

「そこまでは無理だよ」

ちょっと切ない思い出とともに、太陽を使った充電というのはホームレスにとって大切な手段なのだと刻み込まれた。そのせいで、今でも天気が悪い日は、彼らのスマホがフル充電できていないんだろうなと思ってしまうのである。

スラム再編の動き

歌舞伎町浄化作戦が展開されたのは2004年。そこから後の新宿がつまらない街になったという人もいるし、悪い奴らはより深いアンダーグラウンドに潜ったんだという人もいる。

どちらも正解である。表向きは危なさや汚さの象徴のような違法風俗店や危険ドラッグの販売店などは一掃され、一般の人の目に触れなくなってきているのは間違いない。そんな新宿を見て「夜の街から昼の街になった」と嘆く人の気持ちもわからなくもない。もちろんその裏で見えないところに潜った裏商売だってあるが、それは前よりもはっきりと見えにくくなってしまった。だから関わりのない人にとっては、きれいな街であるということに変わりはない。

この浄化作戦のような行政主導の大都市を再編する動きは、意外なことに時を同じくして世界各地で起きている。

14年にインドネシアのドリー地区が閉鎖されたニュースは、アジアを主戦場にする風俗好きの間で衝撃となった。というのも、ドリーは東アジア最大の置屋街といわれていたからだ。その数、2000とも3000ともいわれていた。実際に閉鎖後の街を歩いてみたことがあるのだが、廃屋が立ち並んでいるだけ。かつては商売女たちを相手にしていた美容院やドレスの販売店なども開店休業状態に見え、飲食店も完全に閑古鳥が鳴いていた。一番泣きたいのは行き場を失った女たちかもしれない。とにかくこの街が死んだというのがはっきりとわかった。

ほかにもインドネシアでは、首都のジャカルタで急速な都市開発が進み、多くのスラム街が打ち壊しにあっている。

「毎月六本木ヒルズができている感じです。10年前はただの田舎だったのに」

そんなふうに語るのは、現在ジャカルタに駐在している商社マンの友人だ。彼によれば、はじめてジャカルタにショッピングモールができたのが10年前で、この街の発展はそこからスタートしているのだという。

「ジャングルに巨大な街が生えているみたい」

訪れた人がそのように言ってしまうほどに背の高いビルが林立する都市となったわけだが、中心部からわずか10分ぐらい車で走ると風景は一変する。ビル街を見上げるように小さなスラム街が点在しているのだ。

そのうちのひとつを訪問したときのことだ。ひととおり見終わったところで近くに別のスラムがあることがわかった。行ってみるとあるのは瓦礫の山だけ。

「政府が来て壊していった」

住人たちは口々に何が起きたのかを教えてくれた。しかし怒っているでもなく、仕方ないといった雰囲気が伝わってくる。実際そのように言う人もいたほどだ。

「ここも六本木ヒルズみたいなビルとかショッピングモールにしたいんでしょうね」

友人の意見に同意せざるを得なかった。

ほかにもインド、フィリピン、韓国、アフリカの各地で同様の現象が起きている。そのうちいくつかは取材することができたのだが、お世辞にも都市にとって良い方向にうまくいくとは思えなかった。

というのも、すべての開発が「今後も国が発展して海外からの投資が集まってくる」ことを前提にしているように思えたからだ。

外資を当てにして造られていく街。その街に実際に暮らしている友人は、その異様さを口にする。

「私のマンションは海外投資家向けなので、実際に住んでいる人はほとんどいません。住人に会ったのなんて数えるぐらいです。それなのに受付もレストランもスポーツジムまである。稼働していない施設を維持するのに職員を雇っているんですよ、住人より多いんじゃないかな」

この現象が長く続くかどうかはさておき、都市として健康的ではないのは誰が見ても明らかだろう。豊かさの影に潜む問題は、

破壊されたスラムの住人は橋の下に集まって暮らしていた。

都市の再編よりも解決する方法が見当たらない。そして、2020年の世界的なコロナウィルスの流行は、外国資本がないときに国の経済をいかにしてまわしていくのか。世界共通の課題として同時に突きつけられることになった。

スラムの食事

率直に言わせていただければ、スラムでガリガリのやせ細った人は少ない。むしろ太った人が多い。こんなことを言うと「貧民街で太っているとは、お前の目が腐ってるんじゃないか？」と怒られてしまうかもしれない。

この認識の差は、イメージのすり替えというか間違ったリンクができているからではないかと思う。

そもそも「貧民街＝痩せている」と思う人の多くが難民キャンプ、それも20〜30年前のアフリカの飢餓に苦しむ地域のショッキングな映像と混同しているのかもしれない。それほどにスラムの人たちの実際の体型はイメージと異なる。

まず、中年以上の男女ともに瘦せている人は少ない。小さい子持ちのお母さん世代も太っていることが多い。それよりも特徴的なのは働き盛りの10代後半から30代ぐらいの男性の体型である。

「すげーゴツい」というのが、彼らに抱く印象である。筋骨隆々を絵に描いたような体つきはジムで鍛えたのではなく、肉体労働に従事している者のそれである。スラム街で働く男たちの多くが、体を酷使する労働に若い頃から就いているので自然とそうした体型になっていくのだ。

過去の取材で、何度かそうしたゴツい男たちの家に招かれて食事をともにしたことがある。出てくる料理の大半が揚げ物で塩分過多な料理ばかり。豚の脂身のにんにく醬油炒めとか、魚の素揚げとオイルソースをご飯にかけたものだとか、とにかく油と炭水化物という組み合わせでダイエットマニアな人が見たら卒倒しそうな献立。

「美味しいですけど味が濃いですね。ご主人の好みですか？」

「そうなのよ。彼が働いているから私たちは生活できるの。彼が好きなものを作ってあげたいのよ」

料理をしていた奥さんは、夫への気遣いだと言った。つまりは肉体労働者の食生活に家族が合わせているということ。中年以上で肉体労働をしなくなった人も、食生活が変わらなければ一気に太るというわけだ。

家庭料理だけが体型変化の要因ではない。ジャンクフードや糖分の多い高カロリー食品のほうが安価という現実もある。〝スラムのニッチなビジネス〟でも登場したフィリピンのスラム街名物の「パクパク」は、ファストフードの残り物を二次利用される形で売られている。業者の横流し品ではあるが、誰もそんなことは気にしない。ファストフードの残飯を再利用するにあたって、最適な料理方法は揚げたり炒めたりで、味付けも濃いものになる。食卓に並ぶときにはどれほど高カロリーになっているのか、推して知るべしである。

さて、そんなスラム街での食事の作法についてもせっかくなので触れておきたい。スラム街で食事にお呼ばれした際にはどうすればいいのか。私としては親切に甘えてきちんと食べたほうがいいと思っている。

出された食事を「美味しい」と言って食べる人を嫌うような人は少ない。ただし、必ずしも完食する必要はない。というのも、彼らにとって残飯は捨てるという意識は皆無だからだ。客が残したものを普通に元の皿に戻して食べるという光景は何度となく見ている。

むしろ無理して食べ切らないで「今夜友達と会う約束があるから少し胃袋を空けておくよ」などと、自分の都合でこれ以上は食べないのだと意思表示をして適度なところで残すのもいいだろう。もっともよくないのは、ひと口だけ食べて残すこと。私は大抵の食事はかっこむように食べて、半分ぐらいで残すようにしている。ただし、これが金を払って買った食堂の食事ならばもちろん完食する。頼んだものは残さず。世界共通のルールである。

ハイカロリーなスラムご飯は屋台でも売られている。濃い味の揚げ物が多い。

コラム　海外ウラ事情3

味覚とは何なのか？

民族や人種、生活習慣が異なれば、味覚も異なる。舌に通っている神経とか脳の記憶領域だとかの医学的なことはわからないが、体験的に学んだ味覚については思うところがある。まず、初めは違和感があったとしても、何度か食っていたら慣れてくる。味覚にはそういう側面が必ずある。

「だいたい一週間。それぐらいで慣れてきますよ。最初は抵抗があるみたいですけどね」

ホームレスに関する著作が多い、ライターの村田らむさんに教えられたのは、ホームレスの食生活についてだった。業界的には、「一食目のハードル」と呼ばれているそうだ。

「一食目に残飯を食べるのに大きなハードルがあるんですよ。やっぱり、拾ってきたご飯には抵抗があるんでしょうね」

らむさんは潜入取材でホームレスライフを何度も経験している。しかしそれだけが根拠というわけではない。私の場合も何度か、食べていると慣れるという経験をしている。

だが、慣れる前に直面した味覚の違いのほうが、なかなかに興味深い事が多い。たとえば、私はコーヒーのブラックが好きだ。ただし、豆や煎り方にこだわっているわけではない。どんなときでもホットのブラックがいいというだけである。目覚めのコーヒーやブレイクタイムなどは、真夏であろうとブラックのホットが欲しくなる。ところが、このオーダーは思いのほか難しい。欧米などでは問題ないが、エリアによっては、コーヒーといえば甘くてミルクたっぷりと決まっているところもあるのだ。

東南アジアは以前までは（ざっくりとした感覚では10年ほど前）、甘いコーヒーが主流だったが、現在はスターバックスをはじめとした欧米のチェーン店が流行ってきたこともあって、ブラックコーヒーが認知されだしている。一方でこの影響があまり届いていないのがアフリカである。私が取材で訪れたケニアでは、国民のほとんどがブラックコーヒーを飲むことはない。とはいえ、いざとなれば飲むのではないかと思っていたのだが……。

ビクトリア湖に浮かぶミギンゴ島で、ひょんなことから一泊しなければならなくなったことがあった。朝になって「コーヒーくれないか。できればホットでブラック」と監視していた警察に伝えると、小遣い目当てだろうが素直に運んできてくれた。私は目覚めの一杯を堪能したのだが、まわりにいたケニア人たちは珍しそうに眺めているだけ。きっと、連中も飲みたいのだろうと思って「君らも飲みなさいよ」と言ってみた。だが、誰も手を付けようとしない。そのうちのひとりが「我々はブラックのコーヒーが飲めないんです。だから、珍しくて見てました」と話してくれた。

「君らはどうやって飲むの？」と言うと、「ミルクがないと……」と返してくるので、こちらが会計をもつので買ってこいと言うしかなかった。

何度か経験すれば飲めるのだろうが、彼らは生活の中でミルク入りのコーヒーが当たり前で、こちらの味覚に挑戦する必要もないので、無理強いはできない。

ちなみに私にもどうしても慣れない味がある。それは、アメリカ人の「甘じょっぱい」感覚である。以前、ピーナツバターを塗った上にベーコンをトッピングしたドーナツが出てきたことがある。見ないで食べたら０Ｋだろうし、何度か食べたら慣れるだろう。そうなれば別に絶品とまではいかないにしても、普通に食べられる味になるだろう。だが、そのドーナツのカロリーを考えると、手が出なかった。味覚はたしかに獲得形質であるが、異文化に馴染むのはそれなりに覚悟がいるものだと思ったのである。（あと、ピーナツバーとベーコンのドーナツを慣れるまで食べたら、いったいどれだけのカロリーを摂取することになるのか。）

スラムに違いはあるのか?

世界中のスラム街を歩いて取材してきた経験から、スラムには地域ごとに差や違いがあるように思っている。さすがに細かい点を挙げればきりがないので、アジアやアフリカ、その他の地域で見られる大きな違いについて解説してみようと思う。

まず、大きな違いは人間関係にある。コミュニティを形成する最小の単位となるのが「家族」だが、この家族が他の家族とどのように交じり合っていくのか、交流していくのかが大きく違っているのだ。

アジア地域は共同体として家族同士の垣根が低い。どういうことかというと、フィリピンのような途上国ではいまだに捨て子がいる。普通に考えれば子供は国の施設に送られたりするし、そういう現実もある。だが、スラムでは誰かが拾ってそのまま育てるケースだって多数あるのだ。ただし拾った人だけでなく、地域で助け合いながら育てていくという。

筆者も過去にフィリピンを訪れた際に、「私のお父さんとお母さんはすごく優しい。でも私を産んでくれた本当の親じゃないのよ。私は捨て子だったから」と、知り合いの女性から言われたことがある。湿っぽい話ではなく、本人はいたってドライにあっけらかんとしたものだった。これに限らず多くのアジア地域では、食事なども親戚や近所同士が共同で作ったり、分けあったりというのが普通に行われる。日本にもあった伝統的民間風習「おすそ分け」文化だと思えば、理解できるところはあるだろう。

一方でアフリカエリアのスラムは、個人主義で成り立っている。

「あれ、アフリカって部族とかいるんじゃないの？」

そんなふうに言われそうだが、もちろん一般的にイメージされるアフリカでは部族単位で暮らしていて、子供なんかも集団で育てる文化がある。だが、それは大都市の話ではないのだ。都市のスラムに暮らしているアフリカ人の多くは自分たちの暮らしを優先する傾向にある。仮に同じスラム内で部族や出身地域で固まることがあっても、必要以上の協力をしている様子はない。

私がケニアのキベラスラムで取材した老婆は、家賃が払えずに来月からどこに行けばいいのかわからないと言っていた。

「もうここで暮らしていくことはできないのよ」

スラムの中でもひときわボロい家ではあったが、ここにも大家がいて、出て行くように言われていたのだ。

「誰か頼る人はいないのですか？」

「いたら、こんな暮らしはしていないわ。昔、夫が死んでからは自分と娘だけ。いまは娘の旦那と孫たち。娘の旦那もどこにいったかわからない。結局、私が頼れるのは娘だけなのよ」

世界最大で100万人が暮らすと言われるキベラスラムで老婆が頼れるのは実の娘だけで、それ以外の人は誰も助けてくれない。これが現実なのである。

このようにまとめると「人種の問題なのでは？」と思う人もいるだろうが、決してそういうわけでもない。アフリカ出身の元奴隷たちが母体となっているジャマイカでは、共有財産意識が強い。「自分のものはみんなのもの」という考え方で、対となる発想として「みんなのものは平等に分ける」もある。そのため、たとえお金がなくても地域でなんとかしてくれたり、子育てができなくても近所の誰かしらが面倒をみてくれたりする。

つまるところ、人種の問題でスラムの性質が変わるのではなくスラムに住む人達がどのような人間関係を構築していくのか、そうした環境によるところが大きいのである。環境の数だけスラムの種類があるといってても差し支えないだろう。それほどバリエーションが豊かなのがスラム街なのである。

崩れそうなトタンでできた家。ここに家族単位で暮らす生活は厳しいものがある。

ゴミはグローバル・ビジネス？

物を捨てればゴミとして処分される。だが必要としない人にとってはゴミでも、別の人からしたら資源として、大きな利益を生み出すこともある。いったいなんのことかと思うだろうが、これは世界各地のスラム街を取材してきた際に見てきた現実なのである。

すでに何度か紹介している「パクパク」だが、その名前の由来についてここで紹介しておこう。タガログ語で振り落とすという意味の「パグパグ」が語源といわれている。ファストフード店で一度は捨てられたチキンだけに、当然ながらゴミなどもついている。そこから汚れを取る様子を例えているのだ。

この前提を踏まえて大皿にいっぱいにパクパクを積んで売っているスラムの老婆に聞いてみた。

「これは売れるの？」

「人気だから昼前には完売するよ」

「どこから仕入れているの？」

「トラックの運転手が持ってきてくれるの。私はその人から仕入れているわ」

ファストフード店「ジョリビー」から委託された廃棄物処理業者のトラックの運転手の手頃なアルバイト。老婆の店からスラムの住人たちが買っていき調理して食べる。本来ゴミになるはずのものが循環しているのだ。

ちなみにパクパクを実際に食べてみたのだが、油で揚げたり醤油やにんにくなどを足して濃い匂いを付ける調理が一般的だった。高熱で殺菌され、濃い味で臭いがごまかされているので、正直なところ食べられなくはないものだった。だからといって、オススメできるものではない。再調理することで残飯が価値をもつのは、ゴミビジネスの典型例でもある。

食べ物以外でのゴミとして印象が強かったのは、ケニアにあるキベラスラムで見たゴミ拾いだった。ここのスラムは世界最大規模で、人口は100万人と推定されている。これほどの人数が暮らしていることで、まるで「国」のようにスラム内の経済活動が循環しているのだ。同時にこの動きは経済格差を生み出す。その最下層には、ケニアの都市部の底辺にあたるスラムの人々が捨てたゴミを集めて暮らしている人もいるのだ。底辺の中の底辺だと思う。具体的にゴミから何を集めているのかといえば、金属である。釘やネジ、鉄板の切れ端などをくず鉄屋に引き取ってもらうのだ。

それを探し出すために地理的に低地のドブ川の底をさらう。あらゆる物品は転がって低いところに落ちてくるからだ。つまり、そこには生活排水だけではなく糞尿も流れ込む。そこを日常の仕事場とするには、相当の覚悟が必要になるだろう。

廃棄されたゴミを活用するリサイクルビジネスは、日本では重要な産業と位置づけられている。処理をするだけでも利益が生み出されるが、むしろ現在問題なのは、ゴミを巡って国際的な争いが起きていることだ。それは「アパッチ」と呼ばれる行為だ。

中国系の不良グループが資源ごみを奪い去るケースが急増しており、リサイクル業界団体は深刻な問題としてみている。この問題の難しいところは、所有者は集積場所に置いた時点で興味も関心もなくなるので、盗難されたという意識はない。海外の違法業者は、正規の業者が回収するはるか前のタイミングで運び去っていく。被害届が出されることもなく、奪い去られた資源はコンテナにつめられて、海外に運び出されていく。このゴミを追いかけてフィリピン、シンガポール、マレーシア、タイ、カンボジアと巡ったことがあるが、整理分類することでゴミが見事に商品に生まれ変わっていった。

カンボジア国境のマーケットでは、高校野球の練習着が地元の若者に買われていた。フィリピンでは、食器が飲食店のオーナーに買われていた。そうやって循環する現場を見ると、捨てる人にとってはゴミでも、取り扱う人が変われば立派な商品になるのだと、あらためて思った。

こういう前提を知っていると、もしかしたら、ゴミに対する目線が少し変わるだけでなく、供給される物質やそれを巡ってまわる経済など、豊かさを構成する要素も違った見え方がするかもしれない。

カンボジア国境のマーケットで販売される高校球児のユニフォーム。

ドラッグ

ワルい薬を手に入れてみる

ワルい薬とはドラッグ、つまり麻薬のことだ。本書を手に取る人は、少なからず私の取材内容を知ってる人もいるだろう。そこで期待するなかに麻薬のことも含まれているのではないだろうか。実際、海外で犯罪取材をする過程では、違法なことがわかっていても触れてしまうことは正直、不可避である。ただし、その時に麻薬の知識があるかどうかは大きく命運を左右してしまう。私に限らず一般の旅行者であっても同じことがいえるだろう。

そこで嗜みとしてのドラッグの取引方法の基本を紹介しておこう。

まず、「どうやって入手するのか」である。入手方法はつねに生きた情報から判断しよう。たとえば日本でドラッグを入手するためには、インターネット掲示板（通称闇サイト）やSNSでの繋がりを通じて手に入れることが多い。ここ最近ではダークウェブ（検索にヒットせず通常の方法ではアクセスできないサイト）を通じての購入というのも裏社会では一般化している。

そのほかの方法だと売っている場所に行き声を掛ける。相手はプッシャー（売人）である。ものすごくシンプルだが、これが海外でドラッグを入手する場合でも同じなのだ。といっても、日本とは違って言葉も不自由だろうし、そもそもどこに行けば会えるのかすらわからない。そういう場合は、売っている人ではなく「使っている人」を探すことだ。

単純？

違法行為を探るときはシンプルなほうがいい。フィクションではないので天才的な犯罪者が複雑な物語を紡いでいない。特に麻薬の場合なら、シンプルに考えれば売り手よりも買い手のほうが人数は多い。その人たちはどこにいけばドラッグを入手できるのかを知っているのだ。今回はそんなシンプルな実例的な体験談を紹介しよう。

数年前のバンコクでのことだ。「このあたりでハッパ（マリファナ）いくらすんの？」と繁華街の飲み屋で在住の日本の友達と飲んでいる時に盛り上がってしまった。そして実際に買いにいくことになったのだ。自己弁護させてもらえば、別に私はドラッグがないといられないようなジャンキータイプではない。ジャーナリストとして市場価格がどうなっているのか、その調査の意味合いでのことだった。

ところが、いざプッシャーを探そうにも見つからない。2014年のクーデター以来、軍事政権下にあるタイでは、あらゆる取り締まりが厳しくなった。いままで知っていたルートでは入手が難しくなっていたのだ。そこで、「あやしい連中が集まってくるクラブに行ってマリファナ臭がする奴に声かける」作戦を思いついた。

実際にアングラ系のクラブに行ってみると狙いは的中。5グラムで300バーツ（約1000円）ほどだった。非常に安いと思う。日本でも入手は比較的容易な部類のドラッグとはいえ、グラムあたり3000～4000円は最低でもする。一度の使用量が1グラム程度だと考えるとどれほどお得かわかるだろう。クラブでこの話をしてくれたタイ人の若者は手持ちマリファナをその価格で譲ってくれると言った。丁重に断ると、今度は「もっといいものを渡すから電場番号を教えてくれ」と言ってきたのだ。俺達をプッシャーに紹介することで金を得ようと考えたのだろう。私や友人は日本人だが、タイでは外国人であっても重い罪が課される。連絡先をどこの誰とも知らない男に渡すわけにはいかない。交渉がもめたり、まとまらなかったときは逃げるに限る。私達は日本語で「さよなら」と言いながら、クラブを後にした。

こうして目的だったマリファナの市場調査を完遂できたわけだが、ここに記載したことは、もちろん悪用厳禁である。あくまでトラブルに巻き込まれないようにするための知識として知っておいてもらいたい。

大麻の育て方

マリファナは、いまさら説明することもないかもしれないが日本では違法とされる麻薬の一種である。別名でガンジャ、日本では大麻と呼ばれ馴染みのある薬物となっている。知名度だけなら危険ドラッグも比較的浸透しているだろう。危険ドラッグは様々な薬品の合成物である。これも一時期、日本国内で流通していたわけが、合成麻薬ということでいえば、世界的には現在も流行中なのである。海外の合成麻薬はヘロインをベースにした強力なもので、プリンスやホイットニー・ヒューストンなどもこの合成麻薬の摂取によって命を落としたと言われている。高い確率で死に至ることが知れ渡ったことで、最近では若者たちの大麻回帰現象が起きているらしい。後押しするようにアメリカでの大麻合法化の流れによって、ニーズが拡大しているのは間違いない。

日本ではいまだに麻薬扱いで非合法だが、海外では着実に使用を解禁する方向に進んでいるのだ。とはいえ、違法である以上、日本国内で栽培できる場所も限定されている。しかも人目を避けて育成されたものは細かく手を加えることができないため品質にばらつきがあり、なかには「煙が出るだけ」と揶揄される程度の品物になってしまうこともある。近年ではLEDライトの登場で安価に強力な光源を確保できるようになったので、屋内栽培でもそれなりのものが育成できるようになった（かつては不自然な電気代などから捜査されて摘発された）。発覚のリスクが減って品質も良くなったとはいえ、海外産のインポートに比べれば質的には格段に落ちるというのがマリファナユーザーたちから意見として聞かれることもある。

では、マリファナの本場ともいうべきジャマイカではどのように栽培されているのか。商品として出回る前の段階というのは、あまり見る機会がないだろう。そこで私が過去にジャマイカの大麻農園を訪問したときの話を紹介しておきたい。

キングストンから車で数時間かけて島の真反対の西端へ。そこには大規模な農家があり、地元のギャングのような組織と密接な関係にあるところだった。当然、簡単に入ることはできない。そこで事前に友人ルートを駆使してコンタクトをとっていた。

「ハロー」と待ち合わせに現れたのは短パンにシャツをラフに着込んだ男。このあたりのボスらしい。それから農園のようなところに案内されたのだが、そこに至るまでに何人もの手下らしき男たちがいた。

「あいつらは？」

「部下だよ。勝手に他の奴らが入らないように監視している」

「部外者立ち入り禁止地帯」であるのは間違いないようだ。

大きな鉄柵に阻まれた広大な敷地の前で別の男を紹介された。50代と思しき屈強な立ち姿。肉体労働者らしい。彼が農園主だという。

農園主にくっついて敷地内を歩く。簡単に畑に着くと思いきや、そうでもない。何十分も歩いてクタクタになってしまった。途中で「のどが渇いた」と言うと、椰子の実を取ってきてくれて乾きを癒すなど、完全にアドベンチャー化しそうな予感がしていたところで、ようやくたどり着いたマリファナ畑は、想像していたよりも遥かに大きかった。規模感でいうとサッカーコートぐらいはあろうかという感じだ。そこに見渡すかぎり、マリファナが育成されているのだ。

「これが全部がマリファナですか?」

農園主の男が「そうだ」と事もなげに言う。彼にとっては当たり前過ぎる質問なのだ。それはわかっているのだが、こちらとしては驚きを隠すことができない。極力冷静に観察してみると畑のまわりは堀のように水路が巡り、水田のようなつくりになっている。それならば余計に広大な敷地の世話をするのは大変だろう。

「毎日世話をしないといいマリファナはできないんだ。だから雨期の2カ月だけ休んで、ほかは働き通しだよ」

男の語る言葉は、ストイックに農業で生きる男のそれだった。実際、彼の作るマリファナはLAやNYなどでブランド種として取引されているそうだ。高級品であるがゆえに合法化の流れのなかでも需要は拡大していくと見ている。実際、彼の育てたマリファナは大きく太く香りの強いものだった。日本で目にするものとは比べるべくもなかった。

もちろん、昨今のリキッド抽出技術の進歩により国内産でも十分に良いものが入手できるという人もいるだろうが、それはそれ、これはこれである。養殖魚だって美味しいけど、「天然もの」と言われると心が動いてしまうような心理と同じと思っていただければわかりやすいだろうか。いずれにせよ、日本でマリファナを無理して違法に入手するのは、ハイリスクなだけでいいことがないので安易に手を出すのはやめた方がいいと、取ってつけたようになってしまうがまとめておきたい。

大麻畑に佇む筆者とくらべて見れば、その大きさがわかるだろう。

POST CARD

料金受取人払郵便

小石川局承認

9109

差出有効期間
2021年
11月30日まで
(切手不要)

112-8790

127

東京都文京区千石4-39-17

株式会社　産業編集センター

出版部　行

★この度はご購読をありがとうございました。
お預かりした個人情報は、今後の本作りの参考にさせていただきます。
お客様の個人情報は法律で定められている場合を除き、ご本人の同意を得ず第三者に提供することはありません。また、個人情報管理の業務委託はいたしません。詳細につきましては、「個人情報問合せ窓口」(TEL：03-5395-5311〈平日10:00～17:00〉)にお問い合わせいただくか「個人情報の取り扱いについて」(http://www.shc.co.jp/company/privacy/) をご確認ください。

※上記ご確認いただき、ご承諾いただける方は下記にご記入の上、ご送付ください。

株式会社 産業編集センター　個人情報保護管理者

氏　名《ふりがな》

(男・女／　　　歳)

ご住所　〒

TEL：

E-mail：

新刊情報をDM・メールなどでご案内してもよろしいですか？	□可　□不可
ご感想を広告などに使用してもよろしいですか？	□実名で可　□匿名で可　□不可

ご購入ありがとうございました。ぜひご意見をお聞かせください。

■ お買い上げいただいた本のタイトル

ご購入日：　　　　年　　月　　日　　書店名：

■ 本書をどうやってお知りになりましたか？

□ 書店で実物を見て
□ 新聞・雑誌・ウェブサイト（媒体名　　　　　　　　　　　　）
□ テレビ・ラジオ（番組名　　　　　　　　　　　　）
□ その他（　　　　　　　　　　　　）

■ お買い求めの動機を教えてください（複数回答可）

□ タイトル　□ 著者　□ 帯　□ 装丁　□ テーマ　□ 内容　□ 広告・書評
□ その他（　　　　　　　　　　　　）

■ 本書へのご意見・ご感想をお聞かせください

■ よくご覧になる新聞、雑誌、ウェブサイト、テレビ、よくお聞きになるラジオなどを教えてください

■ ご興味をお持ちのテーマや人物などを教えてください

ご記入ありがとうございました。

コラム　海外ウラ事情4

バンコクの裏社会

裏社会というとヤクザとか違法な風俗やドラッグなど様々なものをイメージするだろう。だが、バンコクの裏社会と言われてもほとんどの人がイメージがつかないのではないだろうか。日本人に人気の観光地でありながら、その裏側に蠢く闇というのは簡単には見えてこない。

というのもバンコクでは、「警察が最大のヤクザ」と称されるほどに細かいところまで不正を働く不良警官が巣食っている。ときには組織絡みでの不正を実施しているほどだ。

バンコクの風俗事情に通じている人であれば、「援交カフェ」と呼ばれるTというスポットをご存知だろう。素人からセミプロ、プロといった様々な売春を生業とする女性たちが溜まっている場所である。

システムとしては、店舗に入ってカウンターでドリンクを注文。その後、店内にいる数十人の女性たちにアプローチする。交渉がまとまればホテルへという流れである。

風俗好きの間では有名な場所である。それなのに、利用者の殆どはこの場所が合法なのか非合法なのかはわからないままである。商売として成り立っているのが以前から不思議だった。あるとき友人のツテでカラクリを教えてもらうことができた。どうやら従業員全員が管轄警察の関係者や親族であるというのだ。しかも店員とは別に毎晩3〜4人の現職警察官が警備員として店に立っているという。つまり、Tが警察官のアルバイト先であるために、取り締まられることがないのだ。

このほかにも各所で賄賂が求められるようなことも、バンコクの警察では耳にすることが多かったのだが、2014年の軍によるクーデターで締め付けが強化されたこともあって、最近ではそれほど目立った動きは起きていない。不正撲滅の浄化作戦が成功しつつあるとの見方もある（ちなみに現在もTは営業中であり影響はみられない）。

このように裏社会的な部分に警察ががっちりと進出しているのは現実としてあるのだが、チンピラ的な組織が存在していないわけではない。それは「ナック・レン」と呼ばれる不良集団である。ドラッグの販売から売春の斡旋、ほかにも各種暴力事件に絡んでくるギャングのような組織ではあるが、悪徳警察の下部組織的なところもあり、今後も拡大することはないと見られている。

一方で国際都市バンコクでは、海外の裏社会組織も複数進出している。そのなかでも最大勢力を誇るのがオーストラリアのギャング組織だ。意外かもしれないが、地理的にオーストラリアとバンコクは近く、双方の人々の往来も多い。そのため、外国人向けのドラッグルートなどを取り仕切っているとされている。

では、日本の組織はどうかといえば、これが意外なほどに上手く進出できている組織がいない。関係のあるヤクザもいるだろうが、バンコクに根を張るヤクザは皆無らしい。かつてはいくつかの組織が裏の商売に手を出したりしたようだが、売春宿、裏ギャンブル、違法両替など、どれも上手くいかなかったようだ。

それもこれも警察権力の強すぎるバンコクでは、美味しいところはすべてもっていかれてしまうので、「旨味が薄い」ということで利益重視の日本の組織としては馴染めなかったということのようだ。

今後日本の組織が進出するにしても、今度は軍事政権の強権的な政治手腕が邪魔して、さらに難しくなるだろう。バンコクの裏社会で日本の組織の名前を聞く日はかなり先になるかもしれない。

ドラッグ相場は何で動く？

「これで500ジャマイカ・ドルだ」

差し出されたビニールの小袋には、マリファナを乾燥させたものが入っていた。ジャマイカの首都キングストンのトレンチタウンというスラム街では、マリファナの販売店が路面に沿ってある。店といっても建物の窓から金とマリファナを受け渡すだけ。その窓の位置も、大人が手を伸ばしてやっと届くような高さだ。これはセキュリティの一環らしい。

渡された袋の中に入っていたマリファナは日本円にして約500円分。この金額でジョイントが5〜6本は作れる量がある。ジョイントとはマリファナをタバコ状に巻いたもので、タバコと同じように火をつけて煙を吸入する。ジョイントを購入するとなると日本では1本で4〜5千円といったところだろう。値段だけで比べたらおよそ50倍の差になる。

ちなみに日本以外の場所と比較しておくと、ニューヨークでほぼ同じ量が50ドルで販売されていた。そうなるとジョイント1本あたり1400円ぐらい。ジャマイカの14倍だが日本よりは遥かに安い。このようにマリファナひとつとってみても、違法とされるドラッグの値段は国によってだいぶ異なるのだ。

そこで疑問に思う。どうして国ごとに値段が違うのか。値段の差が発生する原因を解説しておこう。

ものすごくシンプルな理由は、生産地から越える「国境の数」である。そこに国境の難易度が加わる。たとえばジャマイカから国外に持ち出す場合にはそれほど問題はないのだが（国外に持ち出す分にはあまりうるさく言われないのはどこの国でも一緒）、次の国へと持ち込む際にリスクが高まる。特に陸路より海路や空路を使う場合には、摘発リスクが格段に高くなってしまう。ジャマイカの場合だと、アメリカの各都市、メキシコ、カナダ、欧州などへと運ばれていく。

船や飛行機で荷物に紛れ込ませて運ぶこともあれば、関係者を買収して運ぶこともある。運ぶ際には警察や税関、麻薬取り締まりの専門部署などによる摘発もあるので、流通経路にどれだけの数の国があるのかでリスクが高くなっていくということなのだ。そうした監視の目をすり抜けるために、運び屋のような裏の流通業者はどのような工夫をしているのだろうか。

「やり方はいろいろとあるけど運ぶ数を増やして帳尻をあわせる」

これは日本のドラッグの運び屋に聞いたことなのだが、密輸する際には輸送量の100%が届くとは最初から考えていないそうだ。むしろ半分でも届けば御の字と思っているらしい。つまり運んでいる段階で、リスクの高い国境越えでは失敗するのが前提になっているということなのだ。結果として、「捨て分」で失った利益を補填するためにドラッグの値段は変動相場制にならざるを得ない。越境する国の数が増えれば運び屋の代金、摘発された損失分が加算されていくので販売額も必然的に高くなってしまうのだ。

ちなみに元税関職員に「どうやって麻薬を見つけ出すの？」と質問したことがあるのだが、その際に返ってきた答えは「勘！」ということだった。意外かもしれないが、人間の隠蔽した部分の違和感を発見できるのは、経験値から高めた勘でしかなかったりするのが現実なのだ。もちろん昨今では優秀な機械類も導入されているが、水際ではいまだに人間臭い部分が力を発揮している。そう思うと麻薬の相場からもそこに関わる人間たちの苦労が見えてくる……かもしれない。

シャブ中が嫌われる世界

有名人が麻薬の所持や使用で逮捕されるニュース自体は衝撃的なものだが、初犯であれば、おそらくは執行猶予がついて、数ヶ月もすれば釈放されるだろう。日本は一回目の犯罪についてはこのような対応をとるケースが多い。ところが有名人に限らず、薬物犯罪は刑罰よりも社会的な制裁が大きい。簡単に言ってしまえば、世間の見る目が大きく変わるのだ。

「あの人はまだ禊が済んでいない」とか「まだ社会復帰は早いのでは?」といった同調圧力が世間からかかり続けた挙句、一度こびりついたイメージはいつまでたっても消えないのだ。日本人は薬物、特に覚せい剤に対して「強烈な嫌悪感」があり、使用者を拒絶する傾向が強い。

どうして薬物使用者は嫌われるのか。

そこには薬物の恐ろしさがあると思う。特に敬遠されるのが覚醒剤である。覚醒剤とは、アンフェタミンやメタンフェタミンなどの脳の中枢に強い興奮作用をもたらす合成薬物のことである。

正直なところマリファナで人殺しをすることはないが、覚醒剤使用者だと事件に発展しかねないし、実際にそういう事件も過去に起きている。有名なところでは4人を殺害した深川通り魔殺人事件などは、日本犯罪史に残る凶悪事件として記録されている。犯人の川俣軍司は覚醒剤使用ののち、通行人を無差別に殺傷したのだ。逮捕時のブリーフ一枚の姿は、多くの人の記憶に残るものとなっている。

この事件でもわかるように覚醒剤は強烈な麻薬である。特に副作用がヤバいのだ。強迫観念、幻視、幻聴などが襲ってきて錯乱状態になる様子は狂気である。しかもこうした副作用から逃れるようと、さらに薬物を手に入れるため、次第に善悪の観念すらもなくなり、ときには殺人すら起こしかねない。それがシャブ中なのである。

「シャブ中（覚醒剤の中毒者）だけは信用できねえよ」

このように言ったのは、現役ヤクザの知人だ。裏社会に生きる者にとっても、覚醒剤に手を出す者は別格で危ない奴とされている。というのも、脅しも暴力も論理的な詰問も彼らには通用しないからだ。それほどまでに覚醒剤を体内に入れた人間というのは人外の領域にいってしまっているのだ。

実はこのように敬遠されるのは日本ばかりではないのだ。もしかしたら覚醒剤が海外で使用されているイメージがないかもしれないが、実際にはかなりポピュラーな麻薬なのである。日本ではシャブ、スピード、エス、東南アジアではアイス、タイではヤーバー、欧米ではメスやクリスタルなどと呼ばれている。

呼び名があるということはそこに市場があるということ。日本のみならず東南アジアや中国、アメリカやメキシコなど、広く世界中の薬物愛好家の間で親しまれている裏付けでもある。

日本での価格は、約0.1グラムで2020年現在1万円程度だ（一回の使用量は0・03グラムほど）。マリファナがジョイント一本で5000円程度であることを考えると（ジョイントはタバコ状になった大麻で持続時間は2〜4時間と長く使用できる）、高級品であることがわかる。

このように世界的にポピュラーな人気を見せている覚醒剤だが、マリファナの産地として知られるジャマイカでは、日本以上に覚醒剤が嫌われている。

ジャマイカでは、ラスタファリズムという自然崇拝思想が根強い。そのため、化学的に合成された薬である覚醒剤を使用することを極度に嫌悪しているのだ。どれほど嫌悪しているのかというと、「ジャマイカにはホームレスがいない」とされるほどコミュニティにいる人々を大事にし、相互補完的に助け合って暮らしている。つまりは、仲間を絶対に見捨てないのだ。ところが、例外が2つだけある。それは親不孝者と覚醒剤に手を出した者である。この両者はコミュニティから追放されてしまうのだ。

それほどのリスクがある薬に手を出して得られる快楽は2時間ほど。人生のなかでは本当に一瞬である。それだけのために手を出していいものかどうか、考えるヒントになれば幸いである。

スペインの路上に転がっていた注射器。ドラッグを注入するためのもの。

スラムで流行するドラッグ

世界中のスラムを取材して歩くと、ドラッグを使用している人を見かけることもある。ちょっと気になって、「は〜い、なにやってんの〜?」と軽い感じで問いかけると、大抵の場合は返事をもらえるものだ。

特にマリファナ使用者は気さくだ。そのほかに実際に目にしたものでいうと、覚醒剤とヘロインなんかがあった。とにかくスラムでは麻薬が流通しているのだ。そんな感じで麻薬中毒者たちを見ているといつも疑問が浮かんだ。それは、「よく買う金があるな」ということである。

一見すれば貧困層が集まっているスラムに暮らしているようなやつなのに、とてもではないが麻薬を買うような金があるようには見えない。まして薬物中毒であれば、まともな仕事にも就けるはずもない。そのあたりのことを考えていても答えも出ないので、いくつかのスラムで直接、薬物中毒者の連中に聞いてみたことがある。

「ドラッグを買う金がよくあるね？」

「金があるときに買うんだよ」

フィリピンのスラム街で出会った若い薬物中毒者で、比較的まともな脳が残っているというか、会話が成立するぐらいの相手から聞いたこの答えに目からうろこが落ちた。いくら常習者とはいえ、有り余るほどのドラッグを所持できるはずもない。フィリピンのみならず、ルーマニア、ケニア、ギリシャ、アメリカなどなど、世界各地のスラム街で出会った薬物中毒者たちからも同じ返事があった。

治安の悪いエリアで出会うドラッグ使用者たちも、たまたま目にしているだけの連中にすぎないわけだ。ものすごく単純なことだった。とはいえ、ドラッグ中毒者は実際にドラッグを入手しているわけで、どうやっているのかなどを追加で聞いてみた。

「ドラッグを買う金ってみんなどうしているの？」

「仕事を頼まれてもらった金で買う」

「仕事って？」

「肉体労働の手伝いとかだよ。報酬がドラッグだったりすることもある」

どうやらカラクリは至ってシンプルらしい。実際のところマリファナの値段が格安で1ドルも出せば2～3本のジョイント（タバコ状のマリファナ）が入手できるジャマイカを除けば、ドラッグを入手するのに必要な対価としての労働というのは発生しているようだ。だが、計画的な労働ができないのが薬物中毒者である。どうしてもお金がないときはどうしているのか。ルーマニアのマンホールタウンでその回答を耳にした。

「お金がないときはシンナーをやってるよ。安いし、大量に買えるから。金があるやつが分けてくれることもあるしね」

シンナーは薬物中毒のなかでも最悪の後遺症をもたらす。脳に直接作用して機能を低下させ、内臓もぼろぼろにする。使用を続けていけば、良くて廃人である。それでも手を出してしまうのは、薬物に逃げてでも忘れたい現実があるからだろう。そう思っていた。しかし、私はフィリピンのゴミ山にあるスラムで目撃した光景に絶句した。

10歳に満たない子供がビニール袋を被ってシンナーを吸引していたのだ。遊びというには危険過ぎる行為を、周囲の大人たちは誰も止めようとはしない。親がいない子なのかもしれないいし、生きるか死ぬかの選択を本人にさせているのかもしれない。理由は分からないが、シンナーという安くシンプルで手に入りやすいドラッグがもたらす闇がどれほど深いのか思い知らされた。

機内食の意外な落とし穴

機内食がとある犯罪と密接な関係にあることを知っている人はいるだろうか。とはいえ、これは確証のある話ではないので、「噂」程度に聞いておいてもらえると幸いである。

飛行機に乗ると「これでも食らえ!」とばかりに出される機内食。若干の悪意を込めてしまったが、最近では各航空会社が工夫を凝らしていて、美味しいとの評判も聞こえてくる。ただ個人的な意見を言わせていただくとしたら、味に工夫するあまり量が減っている気がするので、量のほうも調整してほしいところである。

個人的な願望はさておき、客室乗務員たちは、機内食に関連して意外なところをチェックしているという。まず、飛行機は5~6時間以上の運行時間がある場合、2食以上の機内食がサーブされる。食べ終わったトレーを客室乗務員たちが座席から回収していく。座席は指定で、乗務員にしてみればどこの誰が座っているのかがわかる。つまりどこの誰が食事を完食したか、残したのか、手を付けなかったのかといったことがまるわかりなのである。

相当に勘のいい人ならここで気がつくかもしれない。「座席がわかって、完食しているからってそれがどうした?」と思う人もいるだろう。確かにそのとおりだ。別に食べきろうが残そうが、出されたものをどうしようとこちらの勝手なのは間違いない。腹ぐあい次第としか言えない。実際、私など足りなくておかわりを要求することもあるので、乗務員から目をつけられそうな最有力候補のようにも思う。

もったいをつけても仕方ないのでそろそろ種明かしをすると、客室乗務員たちは、2食サーブされた場合に両方とも手を付けなかった人をピックアップしているらしいのだ。いったい何を疑っているのか。それは、胃袋に麻薬を詰め込んでいる運び屋なのではないかということなのだ。

ドラッグをコンドームやラップフィルムなどに包んで小分けにして飲み込んで密輸する

手法は、広く知られるようになった。胃袋に入っているので見つかる確率は高くないが、それでも異物を大量に体内に入れているので、挙動不審になってバレたりする。その最たる例が食事というわけだ。胃袋に異物が入っていたら食事などままならない。

2食サーブされるロングフライトの場合、睡眠で食べない人もいるだろうし、味が口にあわないからと残す人もいるだろう。そういう人ではなく、2食ともまったく手を付けないまま回収された人を確認して、空港に通知しておくのだという。

ちなみに、胃袋によるドラッグの密輸は非常にリスクが高い。それも、発覚するほうではなく、命にかかわるリスクである。たとえば胃袋で袋が破れでもしたら、確実にオーバードーズで死ぬからだ。過去にそうやって死んだ例は、世界各地で報告されている。それでも後をたたないのは、素人でもできるやり方だからだ。借金まみれから一発逆転できる裏仕事を求める者は後を絶たない。素人なら確かに見た目だけで運び屋と判断することは難しいだろう。

だが、食事をとらないといった単純なところで見抜くことができるわけだ。

運び屋たちは空港の警官、イミグレや税関職員などを相手にすることばかりに気を取られて、意外な落とし穴にはまってしまうというわけなのだ。

まあ、さすがにこのやり方を航空会社が公式に認めているわけもないので、信じるか信じないかはあなた次第というところでもある。しかし、飛行機に乗る前にコンドームやラップの包を飲み込むなんて、食いしん坊の私に限って言わせていただけば、食べ物以外で胃を満たすなど、絶対に嫌だなと思ってしまう。それがいまいちの量の機内食だったとしてもだ。とはいえ、コロナの世界的な流行後は、機内食そのものに出会えることもない。今となっては早く食べたいという気持ちのほうが強すぎる。

機内食ひとつとってもいろんな背景があることを忘れないでもらいたい。

犯罪・トラブル

銃弾の行方

フィリピンで2016年ごろ、空港で旅行者の荷物から銃弾が発見され、職員がそれをネタに恐喝するという事件が相次いで起きた。この事件のカラクリを紐解いてみれば、手荷物検査中に空港職員が銃弾を荷物に放り込む「でっちあげ」である。

100人以上が被害にあったのだが、このような自作自演の詐欺の手口は「セットアップ」と呼ばれ、フィリピンではポピュラーな手口ではある。だが、空港職員が実行して賄賂を拒否すればその場で逮捕という悪質さから被害が拡大している。

被害者は外国人に限らずフィリピン人も巻き込まれている。当時、私がアテネの空港で出会ったフィリピン行きの便に乗る人などは、荷物をビニールでぐるぐる巻にしていた。本来は荷物の盗難や破損対策として使うのだが、彼らがあまりに厳重に装着していたので気になって声を掛けてみた。

「銃弾対策？」

「そうだよ。フィリピンに帰るんだけど、これぐらいやってもまだ不安だよ」

「ちなみにフィリピンってそんな簡単に銃弾が入手できるの？」

「簡単だよ。だから警戒しているんだ」

予想は的中だった。誰彼構わずにセットアップを仕掛けるのも考えモノだとは思うが、このような対策を当然のようにやるフィリピン人たちもたくましいと思った。

フィリピンでは銃弾が問題になるケースがほかにもある。それは新年の威嚇射撃だ。新年の祝い方は国や民族の習慣に応じてさまざま。アメリカやヨーロッパでは花火、中国は（旧暦の正月ではあるが）爆竹を多用する。大気汚染を理由に爆竹の使用が政府から制限されるほどなので、どれほどの量が炸裂するか言わずもがなだ。そしてフィリピンでは、中華圏と並ぶ量の火薬が新年に消費されている。しかも、毎年のように4〜500人が爆竹で手を吹き飛ばされたと病院に担ぎ込まれてくるというのだ。

「どうかしていますよね。フィリピン人はラテンのノリとか言われますけど、素手で爆竹持って火をつければどうなるかなんて想像つくと思うんですよ」

マニラに長く暮らす友人T氏は呆れ顔でこのように教えてくれた。彼は貧民街出身の彼女がいたりするので、ニューイヤーパーティーに参加したこともあるそうだ。そこでどんなものか聞いてみた。

「フィリピンのパーティーってどんな感じですか?」

「新年になったぐらいから、テンションがあがった連中が上空に銃撃するんですよ!」

「その銃って実銃ですよね? 空砲とかですか?」

「本物の銃弾ですよ。その銃弾ってどうなると思いますか?」

「威嚇射撃と同じですよね」

これまで銃弾の行方というのは、あんまり考えたことはなかった。この銃弾はどこに着弾するのだろうか。

「そのまま降り注いでくるんですよ。きちんとした建物ならいいんですが、スラム街だと屋根がトタン板だったりするので貫通しちゃうんですよね」

「大丈夫だったんですか?」

「彼女の家にいるときに屋根から抜けて床に着弾したことがありましたよ」

「本当に大丈夫なんですか?」

「いやいや、まさかですよ。私は運が良かったですけど、毎年何人か死ぬそうです」


殺人罪で立件するのは難しいので、大体は不幸な事故として処理されるようだ。そもそもフィリピンでは、スラム街で起きる事件は報道されることはないので、多くの市民たちはよくある新年の事故としてすぐに忘れ去っていく風物詩のようなものらしい。そんなわけなので、もし新年を海外で過ごすことがあったら、屋根が丈夫そうな建物を選ぶのをオススメしたい。

銃弾は拳銃と同様に入手は難しいが、フィリピンでは誰でも手にすることができる。

麻痺する危機感

2016年3月にアメリカで公開された映画『ウィスキー・タンゴ・フォックストロット』（原題）の取材先まで移動するための飛行機で見た。主演はティナ・フェイ。彼女が演じるのは、イラク戦争後にアフガニスタンへ派遣されたTVレポーター。コメディ要素が強いものの、扱っているテーマは危険地帯を取材で訪れている私には身につまされるものだった。

それは、危険への慣れである。アフガニスタンで勃発する戦闘やテロ攻撃を報道していくことで、徐々に恐怖感覚が麻痺していく。本当に死ぬかもしれないヤバさに直面しても、自分を止める判断ができなくなっていくのである。

映画ではアフガニスタンでの同業のジャーナリストたちとの共同住居、ドラッグ、排泄行為、極限状態でのセックス……といった経験が、危険慣れへのプロセスとして描かれている。この手の行動が慣れへと繋がっていくことは実感としてわかる。

旅をして、現地の食事で胃を満たし、それが消化されて排泄される。日本にいた時とは明らかに便の色が変わっていく。それも国ごとに違った色になる。それを確認できると「この国に体が慣れてきたな」と思うのだ。

だが、単純に慣れだけで危険な仕事を遂行できるかといえば、もうひとつ必要な物がある。それは、自分の仕事を世の中に発表したいというジャーナリスト特有の目立ちたがり屋気質だ。本人よりも自分の撮ったネタを評価されたいという、目立ちたがり屋の引っ込み思案のような感覚。自分が危険に慣れたことすら忘れさせる、危険をなんとも思わない思考に至る推進力になるのだ。

慣れと目立ちたがり屋精神。この両輪が揃うことで危険だと思う心や思考は完全に麻痺する。麻痺したことでさらにヤバい状態へと進む。これは映画の後半で主人公が陥る状態なのだが、むしろ自分から危険を積極的に追い求めてしまうのだ。

なぜそんなことをするのだろうか。その理由になるのかどうかわからないが、ヒントになるのが、その昔聞いたあるプロレスラーの話である。「最初の一発目を耐えれば、そのあとはどんな苦痛も慣れていく。するとまわりの目が変わる。よく耐えられるなって。注目を浴びると、むしろもっと苦痛が欲しくなるんだ」という。麻痺していった成れの果てが危険中毒。そんな笑えない状態に、劇中の主人公だけではなく私も陥ったことがある。TBS系で放送されていた『クレイジージャーニー』では、ディレクターが同行して取材旅をしている。メキシコで麻薬戦争の最前線へと向かっていったときのこと。その際の高揚感はこれまでにないテンションとなり、「もっと危ないシーン、もっとヤバい情報を！」といった感じでハイ状態になっていたように思う。

そんなときに同行していたディレクターから「これ以上踏み込んでどうするのか」と冷静になるように促された。そこでようやく我に返ったのだった。危険を求めているのは視聴者ではなく自分だったということに。

ちなみに映画の主人公は、報道をするために危険を冒した仲間が死んだことで冷静さを取り戻した。ショック療法としては高すぎる代償だろう。

自分の経験もあいまって、ドラッグよりも依存したら危ないのではないだろうかと、映画を見ながら思ったわけだ。危険中毒になる人はあまり多くないかもしれないが、心当たりのある人は気をつけてみるのもいいのではないだろうか。

危険地帯の先客は?

世界各地の危険地帯を訪れて何を明らかにしたいのかは取材先によって異なるものの、フィリピンのスラム街、ルーマニアのマンホールタウンなどなど、どこも一般的な海外旅行では行きにくい場所であることは間違いない。とはいえ、人跡未踏の地ではないので「俺も行ったことある」という人だっていることもある。別にそこに思うところなどない。そもそもパスポートで行ける場所にしか行ってないので、そういうこともあるだろう。

とはいえ、取材で行くわけであるから、観光目的の旅行者よりもっと深い場所に踏み込んでいかなければならない。同じ場所だから同じ経験をしているという単純な話ではない。

そういう意味で取材者としてもっとも困るのが、「前にも取材された」ということである。私も独占スクープを狙っているわけではないので、話題の場所であれば取材された人にだって話を聞くのもやぶさかではない。だが、「なんでまたお前らが来ているわけ?」と思うことはある。特にジャマイカのマリファナ農園取材やメキシコの麻薬戦争取材など、尖った対象を選んだ時には、だいたい同じ先客がいる。

「前にどこかのメディアが来たことある？」

「あ～ＶＩＣＥ（ヴァイス）かな」

言われた瞬間に「またＶＩＣＥかよ！」と思ってしまう。ＶＩＣＥとは、世界35ヵ国に展開しているメディアで、ネットを介してエッジの利いたニュースを配信し続けている。世界最高峰に尖ったメディアとも評されているのだ。ここで「まあ日本人初ならいいや」と思って油断はできない。念のため質問してみる。

「日本のメディアは？」

「ＮＨＫが前に来たよ」

これも非常に多く言われることだ。どちらも資金力が桁違いのため、まさかこんなところまで取材に来ているとは！　となることが非常に多い。煮え湯を飲まされたとまでは言わないが、いつも「またお前らかよ！」と心のなかでは叫んでいる。

ちなみにメディア以外の日本人の先客について質問すると、実に興味深い返事があった。

「何年も前から日本人が来ているよ。サラリーマンでカップラーメンを売りに来ている」

この話を聞いたのはケニアのかなりの田舎町。どういうことか詳しく聞くと、N食品の営業マンがどこの取材メディアなどよりも早く、しかも何回も訪れているというのだ。そのため日本人自体を見るのは珍しくないという。こんなところにまで日本人の営業マンが来ているということを知り、驚愕したのだった。ちなみに、なぜアフリカの僻地にまでカップラーメンの営業に来ているのかというと、食べたことのない食品を売り込む場合には、子供たちに食べさせて味覚を覚えこませ、彼らが成長した数年先に市場を獲得するという手法が有効なためらしい。そういえばフィリピンでマクドナルドが勝てなかったことで有名なファストフードチェーン「ジョリビー」も、子供たちに積極的に食べさせるイベントを開催して、味覚に刷り込む戦略をとっていると聞いたことがある。真偽の程は謎ながら、さすがにこうした営業努力には頭がさがる。

とはいえ、筆者が誰かより先に取材するとか日本人初ということにこだわらず、取材した内容で勝負したいというスタンスになったのは、このような先人たちの存在を知ったからでもある。ついでに、別に逃げや言い訳にしているわけではないこともここに明記しておきたい。まあ、多少の負け惜しみはなくはないのだが。

危険地帯で格闘技は通用するか?

柔道、空手、ムエタイ、MMAと、これまでに格闘技を通じて体を鍛えることが多かった。一方で球技などのスポーツは苦手である。ひとえに団体競技が苦手だからということでもある。コミュニケーション能力や協調性がないわけではないのだが、今回はそのへんの話は置いておいて、趣味の格闘技について話しておきたい。

というのも格闘技をやっているというと、「危険地帯に行くために鍛えているんですか?」と質問されることがあるからだ。

カッコつけるわけではなく、正直、そんなことは思ってもいない。むしろ、体を鍛えてきたのはあくまで趣味の領域でしかないのである。がっかりされるが大抵の場合は納得してもらえる。ところがあるとき、「じゃあ、危険地帯で役立てるためにはどんな格闘技を習得していけばいいのですか?」と追撃されたことがある。その時には本気で少し悩んでしまったのだが、ちょっと過去の経験を紐解けば、なんのことはなくすぐに回答できる問題だった。

危険地帯で使える格闘技を解説する前に、あまり明かすことのなかった私の過去についてお伝えしておきたい。というのも、私も若い頃には木村政彦や大山倍達に憧れ、拳ひとつで世界をまわってやるぐらいの気概はあった。実際、20歳で初めて渡ったバンコクにはムエタイ修行のための旅だった。

しかし、若さゆえの勘違いというのはすぐに修正されることになる。小柄なタイ人選手に首相撲で投げ飛ばされ、身長2メートルのスウェーデン人のローキックで脚は簡単に粉砕され、毎日リングでのたうち回った。その後に旅したインドでは、タクシードライバーの集団と一触即発のトラブルになり、「リンチされるかも」という恐怖から必死で逃げ出そうと知恵を絞ったりもした。

「旅を通じて自分の強さの限界を知ることができた」と言えればカッコいいのだが、実際は「自分より強い奴はいっぱいいて、その力は腕力だけとは限らないし（銃を出されたらどうにもならない）、単独だとも限らない。そもそも強いだけでは解決しないシチュエーションがある」といった具合に、ある種の諦めの境地に達した。

その心境に到達したきっかけははっきりしている。２０１０年に訪れた南アフリカのヨハネスブルグでの出来事だ。雇ったドライバーの運転する車で、当時最悪の治安とされていたポンテタワーを訪問していた。ドライバーに周辺の様子を撮影したいと言って降車した。しばらく歩いていると視線を感じた。振り返ると、無数の黒人たちが私に向かって迫ってきている。

一瞬でこの場所に来るべきではなかったことを悟ったのだが、時すでに遅し。とにかく追いかけてくる無数の手を強引に振りほどきながら全速力で走り続けた。何人が追いかけてくるかなんてわからないが、必死にダッシュをした。しかし、予想外のことが起きた。本来私のことを待っているべき車がない。現場から走り去っていくのを、かろうじて視界の端っこで捉えていた。

「ふざけるな！」と内心思ったが、後ろを振り返ることなく車に追いつくべく数百メートルは走り続けたと思う。大通りに出たところに停車していた車に息を切らせて飛び乗った。息も絶え絶えに運転手を問いただすと、「あの場所は危険だから」と言われた。そんなことはわかっていると返そうと思ったが、呼吸が荒く満足に返事ができなかった。

このような決定的な事件を経たことで、危険地帯では腕力よりも逃げ足が大事だと思っている。脚力と判断力。この二つがあれば、大抵の危険地帯は大丈夫なのではないかと私的には思うのだ。

とはいえ、格闘技をやっていると無駄に相手に舐められないし、結果として犯罪の抑止にも繋がることもあるので、まったくの無駄ということはない、と格闘技を愛するものとして強調しておきたい。

12月は強盗の季節

12月のビッグイベントといえばクリスマス。カップルや家族にとっては楽しいイベントではある。ただし、どんなイベントでも、それを実施するには金が必要である。身も蓋もない言い方だが、食事やプレゼント代は相応に必要になるのが資本主義社会というものである。

特にクリスマスは世界中で家族や恋人たちがプレゼントを交換したりしているわけで、雪の降らない南国フィリピンでもそれは変わらない。日本なんかよりもむしろフィリピンではキリスト教が国教であり、クリスマスは欠かすことのできないイベントなのだ。国民全体が楽しみにしているあまり夏が終わるとすぐに準備に入って、10月にはツリーを飾り付けたりすることも珍しくない。それほどの熱の入れようのクリスマスシーズンに、とんでもない犯罪が横行することをご存知だろうか。それは「強盗」である。

ある年の12月にマニラを訪れようとしていたときのことである。友人からこんなことを言われた。

「12月は、フィリピンでもっとも強盗の多い時期だから、いつも以上に気をつけてください」

最初は意味がわからなかったが、実際に訪れてみて嘘でないことはすぐにわかった。ホテルの前でタクシーを呼び止めようとした時のことだ。

「車に乗ったらロックしてください」

ホテルのガードマンが声をかけてきた。

「フィリピンは渋滞がすごいです。その時に強盗が乗り込んでくるのです」

「は？　乗り込んでくるって？」

「車が動かないから強盗に狙われるんです。特に暗くなったら気をつけてください」

「ちょっと、それじゃあ……」

暗くなったら狙われるのはわかるが、車に乗り込んでくるなんて大胆な手口だ。

「ドライバーは何もしてくれませんから。自分で守ってください」

こうして送り出された私は、タクシーに乗り込むとしっかりとドアロックをかけた。

運転手を見るとどうにも金は持っていなさそうだ。強盗の側からしてみれば、運転手を狙うよりも乗客を狙ったほうが効率よく稼げるということだろう。実際、マニラの渋滞は平気で30分や1時間ぐらい動かないということもザラだった。そこに渋滞の隙間を縫うようにして物売りたちが車に突進してくる。不意に車が動き出したとしても、きっちりと対応してぶつかる様子もない。彼らはこうした渋滞の中を動くことに長けている。もし渋滞しているタイミングで、同じようなスキルを持つ銃やナイフでも持った強盗が押し入ったら、こちらは逃げる余地がない。そう思うと、実に理にかなった手法だと悪事ながら感心させられてしまった。とはいえ、なぜ時期がクリスマスに限定されるのだろうか。

「クリスマスに強盗が増えるっていうのは本当なの？」

運転手に質問をぶつけてみた。

「本当だよ」

「なんで？」

「そりゃあ、プレゼントを買ったりパーティーをしたりお金がかかるだろ。金が必要になれば強盗だってするような連中も多いんだよ」

あっさりと教えてくれたわけだが、その答えのシンプルさに若干の驚きと呆れが含んだ笑いを浮かべるしかなった。

しかもフィリピン以外のキリスト教国でも同じことが言えるようだ。というのもアフリカのケニアも熱心なキリスト教徒が多い国であるが、そこでも「クリスマスシーズンには強盗が増える」という話を聞いた。理由はフィリピンとまったく同じ。

結局のところクリスマスを大事にするがゆえの犯行ということなのだが、人から奪ってでもクリスマスを祝いたいということなのだろう。どうにもねじれているように思うが、それが現実なのだから仕方ない。ということで12月は強盗に注意しよう。

職業・殺し屋に聞いたこと

人を殺す仕事、殺し屋は確実に存在している。私も犯罪ジャーナリストとして裏社会を取材するなかで接触したことがある。

「覚悟の問題です。（殺しの）練習はしましたが、それほど必要はありませんでした」

日本で出会った殺し屋は元ヤクザだった。訓練は高架下で射撃をしたことがある程度で、ほかに特別なことはしていない。報酬は1000万円だと聞いた。高額の報酬と引き換えに多大なリスクを背負う。殺しを仕事にすることがいかに困難なのかを思い知らされた。

別の場所でも殺し屋と接点を持った。ジャマイカの首都キングストンを取材した時のことだった。それまでにいくつかのスラムを訪問し、何人かの殺し屋にも出会い話すことができた。殺し屋を名乗る多くの若者達が、ギャングが組織的に管理されている兵隊としての役割で結果として殺人を犯しているようだった。

それもジャマイカのスラムだから成立する生き方なのだと思っていたが、殺しを専業とするある男との出会いで、国が変わろうとも深い闇があることを知ることになった。

その男には、ジャマイカのなかでも屈指の治安の悪さを誇るスラムで会った。

「長居できる場所じゃないから早く済ませて帰るように」

紹介してくれた友達ですらこの言い草。実際踏み込んでみたら、私自身も早々にこの場所から立ち去りたいと思ってしまった。これまではまがりなりにもリーダーがいて、誰が支配者かわかっているようなスラムばかりだった。しかし今回のスラムは、よく言えば自由。悪く言えば無法地帯感が強いのだ。バラバラとあちこちにたむろする若者たちが、獲物でも見定めるかのように視線を送ってくる。

危険な連中を避けて向かったのは大通りから少し入った場所。無事に辿りつけたのは、インタビュー予定の殺し屋の仲間である地元の住人を雇って案内をさせていたからだが、それでも不安がつきまとう。ずんずんと奥まったエリアに踏み込んでいくと、そこには廃屋と見まごうほどのボロ屋があった。

「ここだ」

案内役が入るようにうながす。待っていたのは若い男だった。バンダナで顔を覆って素顔を見せてくれない。こちらの取材意図は伝わっているらしく、「何が聞きたいんだ」といきなりぶっきらぼうに言い放つ。引っ張っても仕方ないので早速殺しのやり方を聞いてみることにした。

「別に。相手が酒を飲んだりして油断している時に殴りつけて、あとは撃ち殺すだけだよ」

目の前で彼が語る殺しの方法は生々しいものであった。緊張が張り詰める最中に突如として彼の持っている携帯が鳴った。「どうぞ」と言って、インタビューを中断して通話が終わるのを待つ。

「今、殺しの依頼が入った」

「本当ですか！　どんな相手ですか？」

「女を殺して欲しいそうだ。依頼主は喧嘩してその女にプライドを傷つけられたらしい」

「そんな理由で？」

「ここでは十分なんだよ」

ここで質問を重ねることにした。

「ちなみに依頼料はいくらですか？」

「5000JMD（ジャマイカ・ドル）だ」

日本円にしておよそ5000円。わずかな金額でやりとりされる命。そこにどんな覚悟があるのだろうか。

「別にないよ。依頼があれば殺すし、何もなければ殺さない。それだけのことだ。何より俺はコレ以外の仕事を知らない」

インタビューを終えて帰るときに最後の質問をしようと思ったが、それは飲み込むことにした。それは、「簡単に殺すということは、自分もいずれは殺されるのではないか」ということ。おそらく彼は自分も長く生きられないことをわかっているのだろう。

日本とジャマイカの殺し屋の報酬額は大きく違う。しかし、多大なリスクを背負い、未来を持たない悲しさというのは、同じ職業なのだと思い知らされた。そして、2019年に彼の訃報が届いた。因果はめぐる。それでも、友達でも他人でもない距離感の取材対象の死というのは、何度経験しても重いものがある。

殺し屋の商売道具を借りて記念撮影をしてみた。手触りとしては、かなり使い込まれた印象。

週末窃盗団

フィリピンのセブ島で英語学校に通っていたことがある。友人が経営していて、教師と生徒がマンツーマンというスタイルに加えて、友人が世界中の英語学校を渡り歩いて身につけた独自の教育方法が気に入ったこともフィリピン留学を体験してみようと思った理由である。

学生生活から離れて20年近く経過しており、授業を受けるという行為自体も新鮮に感じられた。そのせいか、気持ちが穏やかになり妙に人当たりも良くなっていたように思う。街の中では自分から道を譲るし、警備員には積極的に挨拶もした。お釣りも少額なら「チップ」と言って気前よく振る舞ったものだ。

「油断しすぎてんじゃないの？」

そう言われたら言い訳できないほどに純粋に生徒になりきっていたんだと思う。おかげで、普段のスラム取材のときには全開で発している警戒オーラがまったく出ていなかった。

往々にして、悪い奴らというのはそうした隙を上手についてくるものだ。

ただし、今回の相手はいつもの連中とは少々違っていた。

出会ったのは宿からランドリーに行く途中の道。南国ということもあり毎日大汗をかくので、洗濯物は増えるばかり。バックパッカーな旅とは違って定住していることもあって、風呂場で手洗いなんぞしたくない。3キロで100ペソ（約270円）。乾燥までしてくれるのだから頼まない手はない。

そんなわけで3日に一回は通い慣れた道を歩いていた。すると、進行方向に子供たちが集まっている。夜になればあちこちからストリートチルドレンたちが湧き出てくるイメージのセブだが、昼間っからこんな人数を見たのは初めてだった。

すっかり穏やかな心持ちになっていた私は「ハロー」と気さくに挨拶をした。なにごともなかったかのように通りすぎようとしたのだったが、次の瞬間、背後に気配を感じた。

振り返ろうとすると子供たちが次々と私にタックルを仕掛けてくる。パッと見ただけなら子供たちが体格のいい外国人（つまり私のこと）にじゃれているように見えるだろう。しかし、最初にタックルしてきた子供は、見る限り10代半ば。それなりに体もできており、かなりの力で組み付いている。

直感的に「こいつら慣れている」と思った。子供たちがイコール純粋無垢というのは日本人的な発想であり、南米やアフリカでは徒党を組んでギャングとなる者だっているのだ。

「おい、離せよ。触るな！」

大声で叫びながら振りほどくが、最初にタックルしてきた子供が振りほどけない。仕方ないので本気を出すことにした。子供相手に大人気ないと思ったが、ほかのガキどもがこちらのポケットをまさぐろうとしてくるので躊躇はしていられない。腰を少し落とし体をひねった。格闘技の基本の体捌き。意表をつかれた子供たちが一気に振りほどかれた。それでもポケットに手を伸ばしてくる奴がいたので、露骨に摑んでる手を叩いて「触るな！」と強い口調で叫んだのだった。

ここまでほんの十数秒ぐらいの出来事だったと思う。

子供たちを引き離して、馴染みのランドリーショップに駆け込んだ。店内で振り返ると連中がショーウィンドウに張り付いている。さっきがっちりタックルしてきたガキの顔を確認すると、小柄ながら完全に青年の顔立ちをしていた。「こいつがリーダーだ」と思った。おそらく日本でなら中学3年か高校1年ぐらいだろう。

このあとはどうしようかと悩んでいると、ランドリーの女店主が事情を察したような顔をしてこっちを見て頷いた。そして、ドアを開け「こらー!」と叫んでくれた。奴らは蜘蛛の子を散らすようにいなくなった。

「あいつら何なの?」

「泥棒よ。ワルガキたち」

「なんで? 連中は学校に行ってないの?」

「そりゃあ、あんた、今日は土曜日じゃない。学校は休みよ」

ガキどもの正体はわかったが、襲われたのがこんな理由だったことに落胆した。その一方で、いまは素手のガキどももあと何年かしたら凶器を握って襲ってくるかもしれない。そんな残酷な想像が頭から離れなかった。ちなみに帰りもこの連中に待ち伏せされていたのだが、それはさすがに自力で蹴散らすしかなかった。

窃盗団ではないけれども子供たちからたかられることは多い。金さえ絡まなければ元気でかわいい子供たちである。

コラム　海外ウラ事情5

逃亡者の生活—Nバンコク

海外逃亡を俗っぽくした言い方で「高飛びしちゃおうぜ」というのがある。フィクションの世界だけの話ではない。2016年6月29日、株の相場操縦事件に絡んで指名手配されていた元弁護士の椿康雄容疑者（62）が海外で身柄を拘束された。

椿容疑者が日本をから逃亡したのは2007年のこと。当時53歳で男盛りの椿容疑者が選んだ渡航先はバンコクだった。タイ警察の発表によれば、バンコク近郊のサムトサコン県に豪邸を借りていて、現地女性と一緒に暮らしていたという。9年間も逃亡生活を続けていたのに身柄が拘束された直接の原因は、身分を偽装するなどの手段でビザを更新していたことが突如として発覚したためである。

このような事件は時々発覚しているが、そのたびに共通点があるので、今回はそのあたりをまとめてみようと思う。

まず逃亡生活だが、ここには（1）逃亡先に定住、（2）豪遊期、（3）下降期、（4）終末期と、だいたい4つの段階がある。

逃亡先を選定して住む段階が最初であるが、日本と犯罪者の引き渡し条約を締結していない東南アジアが多く、なかでも日本人旅行者に人気のタイは逃亡者にも人気なのである。気候や食事、国民性などが日本人には合うとされているが、最大のメリットは物価が安いということが挙げられる。次の豪遊期は、逃亡資金を切り崩して大盤振る舞いしたり、結果的に大金を支払ってしまう時期である。そして下降期は、その資金が尽きて生活レベルが落ちていく時期である。ここにくると協力者が見限り始める。最後の終末期で、それまで協力してくれていた人たちが裏切って警察などに密告して拘束という流れになってしまうのだ。

終わりが協力者の裏切りというのは、ほぼ確定事項のようになっている。なぜ密告されるのか。それは、資金がなくなってしまったからである。実は渡航先を選んだ段階からすでに大きな勘違いがある。昨今のタイの物価上昇は、逃亡資金の減少を加速させている。そもそも東南アジアの物価が圧倒的に安いというのも、実は現実に即していない。日本よりも少し安いぐらいが実際の為替感覚といえるだろう。想定するよりも減りは早い。

とはいえ、多くの協力者にとって逃亡者は利権なのである。もちろん善意からではなく、逃亡するにあたって用意した資金を目当てにしている。逃亡者は協力者に対して金を支払う以外の選択肢がない。

たとえ協力者が現地の恋人だった場合でも同じである。逃亡者の資金が無くなりそうになったとする。

「金がないいんだ」

「マイペンライ」

協力者はタイ語で「気にしないで」ということだろう。しかし（4）終末期にあるように、このタイミングで密告されて拘束ということになるのである。資金の枯渇と密告は常に連動するのだ。

資金というのはたしかに大事なのだが、私が見る限りではあるが、多くの逃亡者たちは拘束されるタイミングをもしかしたら待っているのかもしれない。覚悟を決めて移住するわけでもなく、不意に訪れることになった異国の地で生きるには、精神的なタフさが要求される。ストレスが頂点に達したとき、自分から終わりにしようと思ったとしてもそれは仕方のないことだろう。

危ない穴

穴は危ない。突然そう言われても意味がわからないだろう。それでも強調しておく。穴は危ないので注意した方がいい。実際、私は途上国やスラムを歩く時、とにかく穴に気をつけている。路上を注意してみると、いたるところ穴だらけなのだ。特に注意するべきなのは側溝とマンホールである。

まず側溝だが、これは本当に「ヤバい！」と叫びたくなる事例がある。

ケニアの首都ナイロビはアフリカ有数の大都市である。整備された街の中心部は道路も綺麗で歩きやすい。しかし少し横に視線を向けると側溝がある。大雨が降ったときに水が逃げるようにするためのもので、普段は空堀になっていることが多い。

「ここに引きずり込まれそうになりましたよ」

ナイロビ在住の日本人Iさんと話していたときに驚きのエピソードを聞かされた。

「前にこの道を歩いていた時に脚を触られた感触があったんです。それで足元を見たら…

……」

「どうしたんですか？」

「人間の手だったんですよ。ガシっと足首を摑んでいたんです」

「どういうことですか？　人間がどこから？」

「足を摑んだ連中は道路横の側溝に潜んでいて、通行人を引きずり込もうとしていたんです。目当ては私の持っていたカバンとか財布。まあ、強盗ですよ」

物盗り目的の強盗が側溝に潜んでいるなんて大半の人が思わないだろう。知らなければ油断して側溝の近くぐらいは歩いてしまいそうだ。問題は犯人の正体である。

「いったい誰がそんなことを？」

「ストリートチルドレンですよ。行き場のない連中が側溝に住みついているんです。子供といっても侮れない。引きずり込んだ人をナイフで刺したり、女の人をレイプしたりします。本当に危ない連中ですよ」

子供たちが徒党を組んで凶悪犯罪に走るというケースは珍しくない。南米のギャンググループの主体が10代であることも珍しくないし、アジアでも窃盗団の主要メンバーが幼い子供であったりする。

「側溝は結構深いので簡単にはよじ登れない。一度落ちたら助からないと思ってください」

Iさんはこのように警告してくれたが、言われるまでもなく道の端っこには近づかないという気持ちが強くなった。

だが、道の端っこに寄らなければ安全かといえばそうでもない。フィリピンやミャンマーなどアジアの多くの地域では、下水道設備は普及しているものの、処理能力が不十分なため大雨が降ると溢れ出てしまうことがある。そうなると道路は一面が水。そこを歩くしかないのだが、時々、人が道路に空いた穴に吸い込まれて死亡する事故が起きるのだ。

人が落ちていく穴の正体はマンホールである。晴れている時には気にならないかもしれないが、路面に水が溢れているとマンホールの蓋が外れているかどうかはわからない。では、なぜ蓋が外れているのか。それは金属の塊である蓋を換金目的で盗む奴がいるからである。そこに落っこちてしまうというわけだ。しかも多くの途上国の下水道は大きな川や海まで一直線ということが多いので、一度落っこちてしまえばまず助かることはない。

私は実際に大雨であふれた道を歩いたことがあるが、マンホールの穴があるかどうかはまったく判別がつかなかった。

このように側溝と大雨が降ったときは恐ろしい途上国の道であるが、滞在中は歩かないわけにはいかないので、十分に注意して移動してもらいたい。

命の値段

人の命は金で買えない。もっともな言い分だし、かつて「一人の生命は地球より重い」と言った福田赳夫内閣総理大臣（当時）がハイジャック犯に身代金を支払い、獄中の囚人を開放するという超法規的措置を実行したことがある。1977年9月に起きた日航機ハイジャック事件だ。若い人には馴染みのない事

突如としてあいた穴に引きずり込まれることがあるので注意しておきたい。

件かもしれないが、それほどまでに人命というのが大事にされてきた。

しかし国が変われば考え方も変わってしまうというのが今回のテーマである。これまでにいろいろな国で取材をして考えてしまうのが、「命に値段はつくのか」である。貧民街で生きている人々と繁華街で豪勢な食事をする金持ち。料理ひとつでスラム家族の一ヶ月分の生活費になろうかという店だったらなおさらである。同じ国、同じ街にあって感じる落差は、日本では経験したことのないものであった。そんな街では人の命は安く扱われているのかもしれないと思っていた。

裏付ける出来事が実際に起きたのは、フィリピンで知り合いと一緒に車で移動していたときだった。

「危ない！」と、同乗していたフィリピン人の知り合いが叫んだ。この友人の案内でセブシティを回っていたのだが、交通渋滞中でつい話し込んでいると不意に飛び出してきた人がいたのだ。

発展途上国に限らず海外の交通ルールは日本とは異なることがある。横断歩道が機能せず、歩行者が自分のタイミングで道路を横切る。信号や横断歩道が少ないところだとなおさらだし、そもそも大きな交差点以外に信号などないような国も珍しくない。私の見たところ、律儀に信号待ちをするのは、日本人とドイツ人ぐらいかと思う。

以前、ミュンヘンで飲んだくれて一人夜中の道を歩いていたら、めっちゃ強面の若者に「信号守れ」と怒られたことがあった。時間的なこともあって、車なんて一台も走っていなかった。ドイツ人が律儀なのか、私がダメなのかと思ったものだ。

話を戻そう。交通マナーは国によって異なるわけだが、フィリピンは特に自由度が高い。大きな交差点でも気にせずに歩行者が入ってくる。それが渋滞していればなおさらである。友人の車の前に飛び出してきたのもそんな一人だった。相手にしてみれば当たり前のことだ。誤算だったのは我々が話し込んだことでドライバーの注意力が落ちてしまったこと。

「危なかったな」

「ヒヤっとするのは、時々あるから気にしないで」

「そうはいっても気になるだろ。そんな調子で大丈夫なのか？」

おしゃべりには自分も加担していたくせに完全に棚上げである。そのあたりはご容赦いただきたい。なにせ張本人のもうひとりが「だから何が悪いんだよ」といった態度を崩さないのだから。

「フィリピンではあんなの問題にもならない。それに下手にぶつけるよりも轢き殺したほうが安い」

「は⁉　何言ってんの？」

「フィリピンでは事故で車が壊れる方を心配する。基本的に輸入車になるわけだから、車の修理代がバカみたいに高いんだ。それに怪我したら、いくら治療費を請求されるかわからない。後遺症なんて残ったら大変だよ。だから轢き殺したほうがいい。死ねば千ドル払うぐらいで済む」

絶句してしまった。これはあくまで友人の個人的な見解ではある。だがフィリピンに限らず、途上国ではこのように命のほうが安く扱われることは決して珍しいことではない。同様の話をアフリカやほかの途上国でも聞いたことがある。もし、あなたがそうした国で道路を横断するときには、命と金の関係性がどうなっているのか、ちょっとだけこの話を思い出していただければと思う。

第3章

旅の流儀

旅のテクニック

荷造りと荷物で危険を回避！

先日、海外旅行未経験者の荷造りを手伝う機会があった。旅行については楽しんだ者勝ちのところがあるので、経験の多寡は関係ないというスタンスの私ではあるが、荷造りに関しては経験の差が出るものだとあらためて感じた。そこで、今回は海外旅行の荷造りについて解説してみたいと思う。

まず荷造りでもっとも多い間違いが、海外で買えるものを持っていくことである。荷造りを手伝った海外初心者のカバンからは、トイレットペーパーやレトルト食品、果てはいつも使っている目覚まし時計などが出てきたのだ。そういったものの多くは必要な気がしているだけに過ぎない。日本に暮らしていると海外＝不便という考え方が定着してしまうことがある。しかし、多くの国では人々は普通に暮らしている。相当な僻地でもないかぎり、旅行者が1週間過ごすのに必要なものなどどこでだって手に入る。スマートフォンのように多機能アイテムを駆使すれば、代用可能なことがほとんどなのだ。

大事なところなので強調しておくが、旅というのは非日常を経験することである。つまり、不便を楽しむことだ。足りないものを補う行動が、ちょっとした冒険となり、後々思い出になったりするのだ。携帯電話のＳＩＭカードを求めてルーマニア市内の携帯電話ショップを巡ってみたり、程よい量のトイレットペーパーを探すためにマニラ市内で何軒もお店をはしごしたり、自分にフィットする白のふんわりタオルを探してバンコク市内の問屋や市場を訪ねて歩いたり。当時は無駄な時間を過ごしていたと思っていたことほど、楽しい記憶として残っている。いずれにせよ現地で入手可能なものをわざわざ持っていく必要はない。

また、テクニック的に気をつけておきたいこともある。それはトランクのようなメインの荷物ではなく、貴重品を入れたりする手荷物についてである。手荷物に迫る危険というのは盗難だけではない。最近では少なくなってきたものの、フィリピンのニノイ・アキノ国際空港で頻発した銃弾混入事件のように、荷物に危険物を混入されてしまうこともある。空港の手荷物検査の際にあとから賄賂を請求するために空港関係者が起こした悪質な事件ではあるのだが、旅行者からしたら事件解決云々よりも巻き込まれて無駄な時間を費やしたくないというのが本音だろう。そこで、外ポケットの少ないカバンをセレクトしよう。旅行用のカバンというと、多機能を重視するあまり外ポケットが多数あったり、メインの口が大きくなっていたりする。そういうものは避けたほうが無難といえる。

手荷物検査はほかの危険もある。危険物を探知する検査機にかけるために荷物をベルトコンベアに放置して自分は金属探知機に向かう。よく見られる光景だが、この瞬間に狙われることが多い。というのもわざわざ貴重品はコレですとわかるようにトレーに並べていたり、カバンの口を開けたままにする人がほとんどだからだ。過去に発覚した事件では、窃盗犯はまわりの旅行客に混じっていたり空港職員だったりすることもあるという。国際空港とはいえ、自分以外は信用せずきちんと検査機に自分で手荷物を押し込んでから金属探知機に向かうようにしたい。

さて、荷物についてあれこれ解説してきたが、海外を旅するとき荷物は金庫であり倉庫でもある。甘く見ないで細心の注意を払っていく必要があるとことだけは忘れないでもらいたい。失ってから有り難みがわかっても遅いのだ。

旅のトラブルに備えたアイテム

旅行中のトラブルというのは実に厄介だ。移動している最中なので当然ながら帰宅という選択肢はない。それどころか、身動きがとれないでいればいるだけ、旅行時間が減っていくという最悪な事態になる。

とはいえ、ここで「トラブルによってできた時間の活用法」的なビジネススキルのようなものを解説したいわけではない。私の経験上、飛行機や空港で不測のトラブルが起きた場合に大切なのは、冷静に判断できる状態〝クールマインド〟をキープしておくことだ。

このマインドだが、もちろん温度的に頭を冷やすわけではない。脳を空腹にさせないことが重要なのである。ものすごく簡単に言ってしまえば、甘いものが必要なのだ。甘い考えとかではなく、味覚的な意味での甘さ。いわゆる甘味が大切なのだ。

そのことに思い至ったのが4年ほど前の体験である。当時、トルコのイスタンブール国際空港でテロ未遂事件に巻き込まれたことがあるのだ。私が乗る予定の便の機内で爆弾テロを予告するメモが見つかった。乗客全員が容疑者として扱われ、搭乗ゲートに6時間以上も缶詰。その後いきなり解放されたが、乗るはずの飛行機はキャンセルされ、次の飛行機はどうなるのかなども特にアナウンスはされなかった。

「どうすればいいのか」

「いったいこの先どうなるのか」

なにもわからないまま多くの乗客が右往左往するなか、数名のビジネスマンたちが迷いなくカウンターに進んで交渉していた。このなかに私も含まれていたのだが、これはたまたまゲートで軟禁中に知り合った日本人ビジネスマンからドライフルーツ（いちじくとナッツメグ）を分けてもらって、脳に栄養補給をしていたからだと思う。

「飛行機に乗る前の癖で保存できる甘いものを買ってしまうんですよね」と彼は語っていた。実際、他の乗客はアクションを起こすのにものすごく時間がかかっていた。なかには「なんなのよ！　どうすればいいの！」と叫んで立ち往生している女性もいた。彼女のような人と私たちの行動を分け、適切に動けたのは摂取していたドライフルーツの糖分のおかげだと今でも思っている。

ちなみにパニックになったカップルの場合、なぜか女性の方が冷静に動けていたり、英語もできないのに堂々と係員に詰め寄ったりするケースが多かった。もしかしたら、日本人男性は不測の事態に弱いのかもと危機意識を抱いたりもした。

とにかく、ドライフルーツでもいいしひと欠片のチョコレートでもいい。旅行の際には、自分を冷静に保つための栄養源を持ち歩くことをお勧めしておきたい。また、最近では水筒を携行する人が多く、空港トイレにある飲料水をくんでいる光景をよく見る。こちらも持っておくと便利なアイテムだが、無い時は空のペットボトルを捨てずにキープしておくと水筒代わりになる。

ちょっとした工夫が、旅先でのトラブルを乗り越える助けになることがあるのだ。

空港での過ごし方

海外旅行に行く場合には、船旅のような例外を除けば、飛行機に乗らなければならない。島国という制約のため、日本を出る場合にはそうするしかないのだ。すなわち海外に行くにあたって、空港は必ず通るターミナルなのである。

だからといって、空港に行くのが苦行だとか、つまらないということはないだろう。空港のラウンジや飲食店などの充実は、昨今では目を見張るものがある。特に日本の玄関口となっている羽田空港と成田空港は、かなり快適な状況にあると個人的には思っている。

とはいえ、そんなにしょっちゅう行くところではない。海外旅行や国内旅行で利用するのも年に1回あるかないかという人も多いはずだ。そんな頻度では、なかなか自分にあった過ごし方を見出すことも難しい。だが、めったに行かないからこそ、せっかくの旅の始まりは快適に過ごしたいところでもある。そこで、空港での過ごし方について、私なりにやっていることがあるので参考までにお伝えしたい。

コロナ禍以前ではあるが、1ヵ月に1回は最低でも海外取材に出ていた。そんなわけなので、かなりの時間を空港で過ごしてきた。その結果、最適なのが、「何もしない時間を大事にする」という結論に辿り着いた。

さすがにこれだけでは乱暴でよくわからないだろう。もう少し具体的に言うと、あれこれするのではなく、離陸時間まで大人しく気持ちを落ち着けたり、到着後に何をするのかシミュレーションするということだ。脳内こそ忙しいが、ただ座っているだけで見た目には何もしていない。こう言ってしまうと「それはないだろう!」と突っ込みも聞こえてきそうだが、事実その通りなのだ。

私が言いたいのは、別料金を支払って会員登録してまで空港ラウンジを使うことばかりが良い過ごし方だとは思わないということである。一般旅行者の旅の頻度から考えれば、大抵の人にとっては会費のほうが高くついてしまう。ゆったりとした時間を過ごすには、「出国ロビーから搭乗口に至るまでに無駄なく用事を済ませる」ことができさえすればばいい。達成するためには最低限やっておくことを明確にするだけでいいのだ。

水や軽食を購入できる売店、喫煙所、トイレ、搭乗口の場所（ゆったりと座って出発を待つ場所）。私の場合、このあたりが必ず立ち寄る場所である。贅沢を言えば、パソコンを広げられる飲食店と充電用のコンセントの配置まで把握できていると完璧。というか、空港マスターである。だが、大半の人は空港に来てまでパソコンを開くこともないだろう。

ここまでの解説に対して「そんなのは、何度も空港に行ってるからできることでしょ」という人もいると思う。しかし、このぐらいの情報は空港のホームページに出ているし、多くの旅ブログにも記載されている。

そうした旅ブログを見ていて思うのは、空港から初日までのルポが異常に長いという特徴があることだ。おかげで空港情報が拾えるのだが、特に出発地の日本国内の空港だけでなく、日系の航空会社の乗り換えターミナルになっているような海外の空港で顕著である。

旅とは空港の向こう側、つまり到着してからが本番である。空港はあくまで通過点だ。滞在が短い人なら30分から1時間ぐらいしかいない場所だ。せいぜい普段ランチやディナーで過ごす時間と同じぐらいだろう。

それでも雑に扱ってしまっては、大げさかもしれないがせっかくの旅行も残念なことになりかねない。空港は旅の最初の一歩目であることを踏まえつつ、通過点でもあることを忘れないでもらいたい。そんなところで出鼻をくじかれないようにしておくことも旅の準備としては大事なことなのである。

旅と読書

旅をするときに本をよく読む。

最初に海外を旅した20歳のころから本を持参していた。多いときだとバックパックの半分ぐらいが本で占められたこともあった。しかし、旅の終わりにはいつも一冊も手元になかった。すべて旅先の宿などに寄贈したり、旅人たちと交換してきたからだ。

ネットはもちろんのこと電子書籍もない時代で、暇つぶしになる本は旅先では貴重品だった。自分の持っている本を旅先で出会った誰かと交換すると、普段ならまったく読まないような本を手にすることになる。そうやって読書の幅を広げることができたのは、貴重な経験だった。

いろんな本があったが、2000年以前は、沢木耕太郎さんの『深夜特急〈3〉インド・ネパール』(新潮文庫)が異様に多かったと思う。宿で見つけた本や別の旅人から交換で提示された本がコレだったときには、沢木さんと新潮社には申し訳ないがガッカリしたものだ。

それでも交換に応じたり、手にとったのは、裏表紙への書き込みをしたかったからだ。どんな書き込みがあったのかというと、「1998年3月　香港　重慶大厦　田中→1999年12月バンコク　カオサン　伊藤」といった本の旅した足跡である。これは、次の人に渡す時に所有者が書き込むのだ。実際、私も何冊かに書き

イスタンブールの古本屋。言葉がわからなくても雰囲気が好きなので吸い寄せられてしまう。

込みをした。

書き込みを見ると、自分よりも長く旅してきた本に出会うこともあり、内容以上に興奮したことを思い出す。

だが、時代を重ねるごとに本を交換する文化というのも廃れてきたように思う。特にインターネットの登場は大きな変化だった。そして、スマホの登場は決定打だったと思う。そんな状況だけに、持ち歩く本は自前で調達するしかないのだ。

「電子書籍にすればいいでしょ？」と言いたくなる人もいるだろう。確かにその通りなのではあるが、本の持つ手触りと重量感が気に入っているのだ。旅のすべてに効率ばかりを求めたくないという無駄なこだわりもある。なにより旅と読んだ本の手触りが一致して、良い記憶として残ることも多いのだ。

そんな情緒的なことはともかくとして、あまりに重すぎると困るので、持っていく本を選ぶのにもそれなりの工夫をしている。

ではいったいどのくらいの量が適切なのか。その答えはノンフィクション作家の高野秀行さんが教えてくれた。

「高野さんって、旅に何冊ぐらい本を持っていくんですか？」

「文庫本を5冊」

「どうして5冊、しかも文庫なんですか？」

野暮かと思ったが理由を尋ねてみた。

「重いじゃん。それに、5冊以上持っていっても読みきらないでしょ」

単純明快だったが、高野さんを尊敬してやまない私はこの言葉をさらに自分なりに咀嚼してみた。つまり、読みたい本を5冊ぐらいに絞り込む能力も必要なのではないかということだ。

おかげで現在は、日本で5冊に絞る作業を楽しむようになった。あとは、食わず嫌いはよくないということで、電子書籍もある程度は活用し始めている。特にガイドブックなどは、ＰＤＦデータにすることでいつでもチェックできるので、実際のところ非常に助かっている。この先紙の本がどうなるのかはわからない。でも、今のところは電子と紙のいいとこ取りの折衷案で便利な旅を続けていければなと思っている。

旅と官能小説

かつての、アナログ旅の全盛期、より正確にはIT革命以前は、旅先で本を持ち歩くのが当たり前だった。勉強、暇つぶし、娯楽など目的は様々。そんななかで、男性諸君ならば必須なのがエロ本だった。

正確な統計なんてなく、あくまで私の目線からのまとめで語らせていただくが、一番多く見受けられたのはグラビア系のエロ本である。コンビニや駅、空港などで購入できるので、もっとも入手が容易である。次に挙げられるのはエロ漫画。こちらも駅やコンビニでも購入できた(当時)。ただし、店員に出すのが恥ずかしいとか、趣味嗜好が合致しないと入り込めないという理由もあって、人気度合いはエロ本の次点ぐらいだったと思う。ほかにも剛の者だと、自前で撮影したエロ写真を持参するなどというのもある。デジカメ全盛の現代では考えられないが、フィルムカメラが主流だった時代には、エッチな写真を撮影しても日本国内では現像できなかったのだ。「不適切な写真が含まれていた」とかいう理由で拒否されるのは、珍しいことではなかった。そのため、ネガを外国に持ってきて現像してもらうという人もいたのである。

当時の若い男の旅人たちは、労力と金額を惜しまずに奮闘していたと思う。

彼らが集まれば、決まってその手の話題が始まった。「この国はエロ本の持ち込みができない」といった持ち込み禁止情報の交換や、意外とオカズに使いやすい雑誌の紹介、果ては持っているオカズ本の交換会などなど。たかがオナニー、されどオナニー。オカズひとつで旅の良し悪しが決まるわけでもないが、男ならばやっぱりこだわりたい。

では、私の場合はどうだったのか。持ち込み禁止対策や宿で知り合った日本人に趣味バレしたくなかった。羞恥心を捨てきれなかったのだ。そのため、官能小説を持ち歩くようにしていた（別に特殊な趣味をしていたわけではない。とっても恥ずかしがり屋なだけなのだ）。これだとエロ本持ち込み禁止の国であっても、係官がよほど日本語に堪能でない限りはバレることもないので安心だ。

そうやっていつのまにやら官能小説を持ち歩くようになってくると、別の楽しみも生まれてきた。それは、旅先で見つけた古本屋に入ることだ。特にアジア地域のバックパッカーが多く利用する宿の近くにあるような店では、下から順番に古い本が積まれている。

まるで地層のように堆積した古本のなかには、15年以上前の『地球の歩き方』が置いてあることもあった。そうなると、思わずテンションがあがってしまう。そのなかに混ざっているカバーが外されてタイトルが読み取れないほど煤けた文庫本もチェックすることがある。というのも、そういう本は大抵が当たりだからだ。

当たりというのは官能小説のこと。カバーがないのは、やはり黒光りして扇情的な女性の絵が描かれているカバーをむき出しで持ち歩くわけにはいかないからだろう。私は古本屋で見つけた官能小説類はなるべく多く買い取ることにしていた。それも現金ではなく、自前の官能小説などとトレードすることでだいぶ節約していた。

こうやって手にした官能小説は、人妻ものや女子高生ものも多かったので特に困ることはなかったが、前の持ち主の性癖がいかんなく発揮されていて趣味の多様性を知ることができたので、かなりの勉強になったと思っている……と、綺麗にまとめておきたい。

ちなみにあの頃の旅から年月を経て私は官能小説を書く側になった。本職のノンフィクションの合間に官能小説を連載したり、読み切りで書いたりしているのだ。趣味が仕事になったわけなので、こうした蓄積もあながち無駄ではなかったかもしれない。

駐在妻の闇

海外生活の中でも、タイの首都バンコク暮らしに憧れを抱く人も多いだろう。男性などはナイトライフ目当てなんて言われることもあるが、実際のところ楽園のようなイメージは強い。しかし女性となるとそう単純な話ではない。特に駐在員に同行している奥さんである駐在員妻、いわゆる「駐妻」の暮らしは大変だと聞く。とはいえ、言葉としての駐妻は耳にすることがあっても彼女たちの生態はあまり知られていないのではないだろうか。

以前、知人を通して知り合った元駐妻さんを取材した時のことだ。

「なにが大変だって、人間関係よ。駐妻さんのコミュニティがあるのよ。そこに加入しなかったらママ友もできないし」

海外生活での苦労のメインは人間関係ということのようだ。それだけに、余計な日本人との接点は持ちたくないという駐妻も多いらしい。そのせいか、我々のような旅行者は駐妻たちを見かけることはあまりない。では彼女たちどこに行っているのか。

「旅行で来る日本人とは活動範囲をかぶらせないように違うエリアに行くのよ。一番多いのはデパートのフードコート」

その後バンコク取材の際にデパートのフードコートに行ってみると、彼女が教えてくれたように駐妻と思しき女性たちが集まっていて、どこの誰とつながりがあるかとか互いに旦那や旦那の会社の自慢などの会話をしていた（申し訳ないが、こっそり聞き耳をたてさせていただきました）。口調こそ穏やかではあるが、話している内容ときたら口喧嘩同様で、聞いているこちらが薄ら寒くなる。こんなことを毎日のように続けているのだ。

このような生活も期限付き。数年で日本か他国に異動になる。だからこそ耐えられるのだと取材した元駐妻は言っていた。ただし、駐妻といえども一人の女性である。ママ友と子供&旦那だけの付き合いで生きているはずもない。当然ながら男関係もある。

以前、「この泥棒猫」と書かれた女の写真がバンコクの日本人御用達のスーパーの情報掲示板に貼り付けられていたなんてことがあった。旦那と浮気をしていた駐妻の写真を奥さんが貼り付けたということだ。日本人同士の付き合いとなると、やはりリスクも高い。そこでちょっかいを出すのが、お抱えドライバーや常連のバイクタクシーの運転手だ。

現地の男との恋愛ごっこなら、慣れない異国で魔が差したのだろうと許してくれる旦那も多いという。きっと旦那の方も風俗や愛人との遊びを重ねた負い目があったりして許してしまうのだろうと邪推できる。しかし、なかには異国の恋の魔法が解けないこともある。30代の駐妻A子さんは、バイタクのドライバーをしている若者と恋仲になった。旦那の帰国後は一旦日本に戻ったものの、結局バンコクに舞い戻ったという。

これが映画ならばハッピーエンドに見えなくもないが、実際には若者とのスラム暮らしに耐えられず破局。旦那と子供を棄てただけの絶望的な結末を迎えることになってしまった。彼女のようなケースは極端かもしれないが、憧れの海外暮らしで豪遊というのは過去のイメージで、大半の駐在員たちは慎ましく暮らしているんだとか。それよりも狭い日本人コミュニティでの人間関係や子供の教育など、悩みのほうが多いという。しかも肝心の旦那は出世コースに乗るために必死で、家庭のことは後回し。海外で暮らすこと＝いい経験という時代はとっくに過ぎ去ったのかもしれない。

旅人の言葉

「イエローカード」は、一般的にはサッカーなどの競技で警告を意味する言葉として知られている。だが、旅人の間ではまったく別の意味を持って使われているのだ。使用例はといえばこんな感じだ。

旅人A「イエローカードある？」

旅人B「当然じゃないですか。あれがなきゃ入国できませんよ」

何のことかわからない人のために解説すると、中南米やアフリカで感染のおそれがある黄熱病の予防接種を証明するカードのことなのだ。カードと言ってもパスポートサイズの黄色い紙で、所持していないと入国を拒否されることもあるので、先述したエリアに行く旅行者には必須のアイテムとなっている。

このように旅人特有の言葉というのがあるので、今回はいくつかを紹介していきたいと思う。まず、次のやりとりを見て欲しい。

「やっぱりチャリダーが最強じゃない」

「でも、終わりがはっきりしないと帰りのチケットをオープンにしないといけないから。予算考えるとFIXがいいな」

「ところでコイルある？」

「あ〜こないだトランジットしたところで失くしちゃった」

「なんで？」

「時間あったから、カップ麵とか食べようと思って」

なんとなく言いたいことはわかるだろう。だが、細かいところがはっきりしない。それぞれ解説していきたい。

まずは旅のスタイルから。一カ国で満足しない旅人たちは、飛行機や電車やバスなどを乗り継いで複数国を旅する。一方、人力にこだわったり、極端に節約したりして旅するスタイルもあり、徒歩移動を「アルキニスト」、自転車移動を「チャリダー」と呼ぶ。どちらも旅人の間では尊敬を集めるが、自分ではやりたくないスタイルとして敬遠されている。

これに対して、一カ所に留まって動かないことを「沈没」という。宿に居着いて動こうとしないスタイルで、脱力する様は軟体動物かのようだ。ちなみに沈没者がランクアップ（ダウンともいえる）すると、「長老」や「牢名主」などと呼ばれる。

知っておくと何かと便利な言葉もある。主に航空機まわりの用語だ。このあたりは一般知識としても有効だからだ。まず、「ＯＰＥＮ チケット」。これは単に「オープン」と略されることもある。購入時に設定した期間内であれば日時変更が可能なチケットのことで、対義語には変更不可の「ＦＩＸチケット」がある。旅人はオープンを好む傾向にあるが、ＦＩＸのほうが格安だったりするので悩ましいところでもあり、「オープンにした？ ＦＩＸ？」という質問はよく耳にした。最近では、ＬＣＣの拡大でオープンもＦＩＸも気にならなくなっているところはある。ほかに「オープンジョー」もよく使われる。これは行きと帰りで使う空港が異なるルートで使うチケットのこと。ヨーロッパやアジアなどを周遊するのによく使われる。

混同しがちなのが、乗り換え地で24時間以上滞在する「ストップオーバー」と24時間以内の乗り換え「トランジット」である。意味合いは似ているが、内容は大きく異なるので注意しておきたい。

さて、旅先で宿に滞在していると日常では聞かないのによく耳にする用語もある。それが「コイル」だ。水に直接つっこんで加熱する電熱器で、日本ではまずお目にかかることがない。最近の旅人や大都市を拠点にしている旅人にはあまり馴染みがないかもしれないが、宿にお湯がないところというのは珍しくない。節約のためにインスタント麺を食べる時に熱湯にするとか、衛生状態が悪く飲水が信用できないときには煮沸消毒にも使えるのだ。そのため、セットで金属製の容器を持ち歩くことになる。携帯式の給湯器は管理がめんどうなもので、加熱しすぎて爆発したりする事故もあるため、日本国内であまり見ることはない……と思っていたら、昨今のキャンプブームでわりと目にする機会も増えた。

このほかにも旅人ならではの言葉というのは無数にある。さすがに全部を網羅しようというわけでもないが、本書を旅の諸先輩が見たときに、確実に怒られそうだったので、可能な範囲で紹介しておきたい。

旅の日々においてもっとも多くの時間を過ごすのは宿である。当然そこにまつわる用語も多い。最近では一般化しているので聞いたことがある人もいるだろうが、「ドミ」はドミトリーの略で、ベッド単位で料金が決まっている宿泊スタイルである。ちなみにドミに泊まるとよく聞く会話がある。

「今日はこのドミを卒業する人と入学してきた人がいるので、みんなでシェア飯しませんか?」

これは、宿を出て行く人と今日から入った人を、宿を学校に例えて「卒業」や「入学」といっているのだ。まあ入学試験も卒業試験もないので、学校と言われても困るのだが、わりと使われる例えであることは間違いない。

次に「シェア飯」だが、これはみんなでお金を出し合って材料を買ってきて料理を作ったり、食堂で何皿も頼んでつっつくスタイルのことである。応用として「部屋をシェア」することもある。ようは割り勘で一部屋を借りるだけなのだが。

ここで紹介した用語が使われるのは、大抵が「日本人宿」である。世界各地に点在しており、なかにはバックパッカーたちに知られた名物宿というのがある。これを知っていると、宿の名前を聞いただけでいろんなことがわかるので便利である。

「ジュライ経験あるの?」と言えば、今から20年以上前に閉鎖されたバンコクの伝説の安宿「ジュライホテル」のこと。それを知っているだけでも旅のベテランだし、経験があると言えば相当な大御所ということになる。

代表的なところを列挙していくと、「パラゴン」はインドのコルカタにある安宿で、多くの日本人旅行者が訪れており、ジュライホテルと並んで伝説の宿とされている。インドには他にも、ヒンズー教の聖地バラナシに麻原彰晃も泊まった「クミコハウス」があった。シェムリアップの「タケオゲストハウス」も、キャラ濃い目の旅人が集まる名物宿である。香港の2大巨頭といえば、「ラッキーゲストハウス」と「ゴダイゴゲストハウス」。南米だと、ブラジルのサンパウロにある日本人宿「ペンション荒木」は、東洋人街の老舗といえるだろう。アルゼンチンの「上野山荘」も有名である。

これらはすでに閉鎖されている宿もあるが、名物宿に限らず日本人をターゲットにしたホテルは、世界的にも経営が厳しくなっている。エアビーアンドビーをはじめとした民泊が流行して、宿代を抑える旅人も増えてきているのもその一因なのだろう。

さらに、宿が消えていくことでもうひとつ失われているものがある。それは「情報ノート」である。日本人宿には、自分たちの得た知識や情報を共有するために記されるノートがあるのだ。実は欧米のホステルなんかにもあるのだが、日本人宿では書き込み率も高く、情報の精度も非常に高いのが特徴だ。そこには、「職人」や「仕事人」と呼ばれたエリアや時代を限定して有名になった旅人たちがいた。

情報ノート自体の内容だけでなく、存在自体が旅人の言葉としての意味もあったのだが、日本人宿に泊まる人が減ったり、ブログやＳＮＳに取って代わられたりしている現在では、さすがにかつてのレベルを保つこともできなくなってきており、芳名帳のような存在になりつつあるという。

とはいえ、別に悲観することでもない。言葉は時代とともに変化し、ニーズに合わせて意味を変えていく。だからこそそうした移り変わりを知っていると便利だし、ベテランの旅人気分になれるところも魅力ではないかと思うのだ。これからもどんな言葉が生まれて、消え、どう意味を変えていくのかを見続けていきたいと思う。

上/ジュライホテルの建物だけは現存している。
下/内部はがらんどうになっている。どうやって撮影したのかはナイショ。

激安ツアー会社破産のこと

海外旅行が安く行けるようになったことで、「格安ツアー」というスタイルも生み出された。私はこの言葉にずっと違和感があった。業界最安値を売りにしていた「てるみくらぶ」が２０１７年3月27日に破産したことで、それはよりはっきりとした。ちなみに、てるみくらぶの負債総額は１５１億円で、旅行業界でなくても大きな額である。書き下ろした当時には、最新の事件だったが、今にして振り返るとよりわかることもあるので、この事件から、格安ツアーについて思うところを私なりに述べてみたい。

まず驚いたのは、3月末という破産のタイミングだ。別に特殊な時期だとかそういうことではない。報道によれば、当時海外に滞在していた旅行客は約２５００人もいたという。そのほとんどが、宿泊予定のホテルに「代金が支払われていないから」と宿泊を断わられたり、航空券の発券ができないために予定していた便に乗れないというトラブルに見舞われていた。

いきなり放り出されたツアー客の困惑や憤り、精神的や経済的な負担は察するに余りある。とにかく大変だったことだろう。そもそも、ツアー旅行に参加する人は手続きに不慣れなことが多い。旅行で発生する手続きはとにかく多いので、任せてしまいたいという気持ちも十分にわかる。ホテルや現地ツアー、観光の足となる交通機関、航空券、ビザ……。これらを自分たちで手配して日本まで帰ってくる。本来ならば既にお金を払っており、自分たちは何もすることがない状況になっていたのにである。旅慣れた人であれば簡単に思うこともあるだろうが、私の意見ではあるが旅行会社というのは、こうした手続きの代行に対する対価を受け取っているという認識である。

しかし、てるみくらぶの場合、提供していた商品の値段が明らかにおかしいのだ。たとえば1泊2日の韓国旅行が1万9800万円。2万円を切るのはさすがに最低価格で、日程によって上下するそうだが、どうやっても利益が出ないのは一目瞭然である。もちろん代理店だけが持っているメソッドがあるのかもしれないが、個人旅行であれこれ手配することが多い身としては、1万円代の海外などあり得ないと思っている。

さて、こうした「激安」過ぎる旅行代理店を利用して本当に海外旅行できるのかどうかは、気になるところだ。実は過去に自分で手配するのが面倒で、何度かツアーを手配したことがある。てるみくらぶではないが、同様の激安を売りにした業務形態の会社である。フリープラン（ホテル、航空券だけで、空港送迎時に土産物屋に立ち寄る以外の縛りがない）のツアーだったが、トラブルなく利用できた。ただし、別の局面で「あれ？」と思ったことはある。最安値で設定されているプランを選んだ際に、申し込みは受け付けておきながら、後日「指定のプランはございません。かわりにこのようなプランはいかがでしょうか？」と、頼んでもいない代替案が送られてきたことがあったのだ。

私に限らず、激安プランのようなものは架空のプランで、単なる客寄せにすぎないのではないかと疑っている人も実は多いのではないかと思う。懸念しているのは、このトラブルを受けて、海外に行くことに妙なハードルを感じてしまう人が増えるのではないかということだ。元々のツアーは、「少々高くても安心と安全と手間を金で買う」という感じであったと思う。そこが激安ツアーの登場で一気に崩れ、さらにツアーそのものの信頼が揺らいでいる。

だからこそ、安さには理由があって、リスクもあるのだということを忘れないでほしい。

そういった意味では、安さだけを追求してプランを選ぶのではなく、一度自分ですべての手配をしてみる個人旅行をやってみるのも、旅行のスタイルを見つめ直すいいきっかけになるかもしれない。老婆心ながらそう思うのである。ちなみにフリープランのツアーでありがちな最後に連れて行かれる土産物屋は、割と便利で普通に買い物していたので、実はもっとも会社側の思惑に乗っている客だったのかもしれないと、今になっては思ったりもするのである。

簡単に旅を楽しむ方法

ジャーナリストや旅行作家を名乗っていると、「旅の何が楽しいのか」と質問されることがある。こういった、旅に対する己のスタンスを問われる質問は、正直面倒くさいので笑顔で受け流すこともある。しかし、いざ本気で回答しようとなると、「さて、どうやって伝えたものか」と困ってしまうこともある。

誰にでも当てはまるような汎用的な答えはない。結構な難問である。自分自身だけのことなら「好奇心が満たされるからです」と言い切ってしまえば簡単に終わる。それ以上に複雑な理由があるようなら、むしろ旅なんて続けていられないと思うのだが、実際にそう答えると、「やっぱりね」と質問者は納得しつつも、どこかがっかりした空気が漂ってしまう。

きっと私に対して別の何かを期待しているのだろう。そこで、できるだけしっかりと旅の何が楽しいのか、あらためて考えてみたいと思う。

まず、旅というのは「好奇心を満たす最良の手段」だと思っている。特に外国に行く場合、到着した場所は確実に異文化なので、知りたいと思いさえすれば、好奇心を刺激する要素がたくさんあるはずだ。だが、私のように世界中のあちこちをそれなりの頻度で歩き回っているとどうしても好奇心がわいてこないこともある。そんな場合にどうするのか。

私がそんなモードになった時には決まって実行することがある。「途中下車」や「思いつきで行動する」である。バスでも電車でも地下鉄だって構わないので、予定していないものに飛び乗ったり、途中駅で下車するのだ。

ここには私なりの目的がある。「別にどこに行くわけでもない」という感覚を取り戻したいからだ。知らないということは、知ることの最短ルートである。ところが、何度か訪れた場所になると、知っている場所にばかり行くようになる。そのことはわかっているのに決まったルートを崩すことができないで、いつのまにかその場所に飽きてしまう。

ある時、私はシンガポールで路線バスに乗った。それも思いつきで不意に目の前にきたバスに飛び乗ったのだ。スマホは部屋で充電中。ポケットに小銭程度しか入っていない。

そこからどうすればいいのかは自分から動かないとわからない。まずは運転手に「このバスはどこまで?」と聞いた。そして、ゲイランなど知っている地名を出すと「近くに行く」と教えられる。

自分が外国人の旅行者で料金の支払い方がわからないと言うと、簡単に説明してくれた(もちろん、運転手や車掌に尋ねる時はラッシュの時間帯を避けるのは無難だが、そのあたりのことは旅先でなくても一般常識に含まれるので、ここではあえて触れずにおく)。

その後、乗客と話したりしながら、ついさっき生まれた目的地に降りる。帰りも途中までバスに乗って、今度はなんとなく気になった場所で降りてみた。

「[redacted]ホテルに行きたいのですが、ここはどこでしょうか？」

事前に仕入れていたホテルカードを使いながら、道を聞いて歩いて行く。知らないから、聞くしかないのだ。そして、人々に尋ねながらホテルへと戻る。

これは、自分が知らないからでもあり、人々の善意によってもたらされた結果である。そのことを身をもって知ることができる遊びというか、私にとってのアトラクションである。

こんな感じでマンネリ感を打破すれば、そこには強制的な好奇心への刺激がうまれてくることだろう。つまり、私が言い

無目的にさすらってたどり着いたのはシンガポールのゲイランと呼ばれる場所だった。

たいのは、知らないことを楽しむ好奇心と一歩踏み出すだけの行動力があれば、旅が楽しくなるということだ。

まだ期待はずれなところかもしれないが、そうやってわずかながらも旅にアクセントをつけてみることをお勧めしたい。

旅で出会ったビールの話

旅と酒の相性は抜群にいいと思う。旅先にはその土地を代表する酒があるし（ムスリム圏のような場所を除いて）、それに釣り合うツマミがある。それらを飲み食いすることが、すなわち旅の思い出に直結するのだ。

実際、私の旅の思い出のなかにも多くの酒類が登場してくる。特にビールが思い出深いアイテムになっている。

日本ではよく冷えたビールを当たり前のように飲むことができる。しかし、東南アジアでは、冷えていないビールに氷を入れるスタイルが一般的だ。このやり方を知らずに驚く旅行者は多い。なにせ、ビールを頼んで「氷」が出てくるのだから。

また、瓶ビールを頼んでも、栓が抜かれていると思わないほうがいい。きっちりと栓がされたままテーブルに置かれて、当然のように店員が去っていく。こうなるとどうするのか。自分で開けるしかないわけだが、日本人のほとんどがここで慌ててしまう。理由は簡単。栓抜きがないから。栓抜きを持っていなければ飲めないと思い込んでいるからではあるのだが、それも地元の人達の動きを見ていれば、どうすればいいのか、すぐにわかるだろう。机の角、スプーンの柄、素手、歯などなど。やり方はいろいろとあるが、各々のやり方で栓抜きなど使わず、器用に開栓してしまうのだ。

私の場合は、旅の途中で身につけたテクニックを活用している。

「あ、栓抜きがないや」

何人かで飲んでいて、このセリフが出ると「待っていました」とばかりにライターを取り出す。ジッポのような特別なものでなくとも、100円ライター程度のやつでいい。やり方は簡単で、ライターの底を栓に引っ掛けて抜く。指を支点にして、テコの原理を使っている。もしかしたら、20年ほど続けてきたバックパッカーとしての技術のなかで一番活用しているものかもしれない。

いざ飲む時になって気をつけたほうがいいこともある。それは飲み口の汚れである。王冠部分が錆びついていることがあるのだ。それに気づかないで瓶に直接口をつけて飲んで、体調不良ということにもなりかねないので、注意が必要なのである。対処法としては手持ちのティッシュなどで丁寧に拭ってしまうことだ。

「お店の人が見ているのに失礼じゃない?」

以前にこの方法を話した相手から言われた。日本人というのは、どうも妙なところを気にするものだと思った。自分の健康がかかっているのに店の人の気持を考えてしまうのだ。それは日本人としては美徳だが、決して褒められたものではない。なにせ、私が飲み口を拭いているのはお店の人に拭けと言われたことがキッカケである。そのときは、店の人が気を利かせてティッシュを置いていった。実際、よく見ていると慣れた感じで地元の人がササッと飲みくちを拭っていたりするのだ。

さて、あれこれ語ってきたが、ビールはほかにも非常に便のいい飲み物だ。炭酸が入っているので、開栓されているかどうかすぐにわかる。国によっては中身が詰め替えられたりしていることもあるし、飲み残しを合体させて出してくる悪質な店もある。それを防ぐためにも、たとえ昼間であっても私は「敢えて」ビールをオーダーしてしまうのだ。酒飲みの言い訳じみているが、水に次いで安いエリアもあるので、あまり眉唾と思わずに、旅先でビールの良さを楽しんでいただければ幸いである。

フィリピンのレッドホースという強めのビール。もちろんライターも常備している。

食中毒を回避せよ！

20年以上も旅を続けてくると特殊能力のようなスキルが身につくこともある。大げさに言ってしまったが、経験則からくる勘のようなものと、実体験で学んだ知識なので、別段怪しい類のものではないので安心してほしい。今回紹介したいのは夏になると急増する「食中毒」。それに対処するためのスキルである。

ただし、これは日本のように衛生観念が過剰ともいえるほど発達した社会では無縁のものかもしれない。人によってはまったく役に立たないものかもしれないので、最初にお詫びしておきたい。

さて、まず基本的なところでは店選び。屋台や街の食堂では客の入りをチェックするポイントがあるのだ。特に屋台は食材を冷蔵しておけるスペースに限界があるために流行している店ほど新鮮な食材が使える。寂れている雰囲気の悪い屋台に進んで行く人もいないが、日本人特有の「汚い隠れた名店」信仰によってチョイスしてしまうこともあるので注意が必要である。

次に店内での食事についてだが、ここでは食器類である。フォークやスプーンなど直接口につけるものは、コップなどで一度洗浄するか、紙ナプキンなどで拭くことだ。

「屋台の人に悪くない？」

これも日本人特有の考え方で、よく見れば現地の人は普通に拭いたりしているので、まったく失礼ではない。屋台の食器が衛生的ではないことぐらいは常識なのだ。筆者などはコップの水の一杯目で洗って、それを捨てて二杯目をもらうことも多い。

次に料理の入っている器にも注意が必要である。多くの国では器に直接口をつけてスープを飲む行為が下品とされている。しかし、日本ではむしろ率先して口をつけている。味噌汁にしてもラーメンにしても。マナー的な違いもあるのだが、もっと大きな要素として、食器が清潔な状態で料理が給仕されると決まっているからだ。一方、屋台や安食堂などでは、大きなタライに使用後の食器を突っ込んで大雑把に汚れを落として、それを布で拭うこともなく（時々、雑巾で拭いている屋台もあったりして、そうしたところは確実に食あたりを起こすので避けることを推奨する）料理を盛り付ける。そのため、汁物はあまりかき混ぜたりせずにスプーンなどで上澄みだけをすくいとるのがいい。また、底の沈殿物も含めて残り汁を飲み干したい衝動にかられた場合も要注意である。先ほどの要領で洗うと器の底が汚れている場合もある。ひどい時だと沈殿物が固形化していることもあるので、なるべく上澄みだけで食事を済ませてしまうことだ。

こうやって説明すると「料理は屋台で食べない」という人もいるだろう。だが、熱を通した料理そのものではあまり食中毒になることはないので、ほどほどに安心してトライしてもらいたい。もちろん、ここまでの注意を守ったうえでだが。

さて、食中毒の意外な盲点としては、料理の屋台だけではなくフルーツなど調理を必要としないものでも起きるということだ。たとえば、マンゴーを刻んで出してくれるような屋台。刻まれたマンゴーはビニール袋に入っていて、雑菌の触れる余地はなさそうだ。ところが、このフルーツをカットする包丁やまな板が汚れている可能性が高い。そのため、最初に注意したように回転率のいい、流行っている屋台などを利用することだ。地元の人を相手にする屋台ならば、食中毒が頻発していたら商売あがったり。当然、そのあたりも気をつけている確率が高い。食堂の清潔感は回転率に比例するのだ。

途上国の屋台や食堂は、流行っている店に客が集中して、隣の店は閑古鳥ということはよくある。しかし、そこには流行っているだけの理由があると思っておけばいい。そうすることで自然と食中毒も回避できることだろう。

どうしてそこまで屋台にこだわるのかといえば、その国の食文化、特にストリートフードを知るには、屋台が一番手っ取り早いからだ。しかも、お店の人やほかのお客さんとも距離が近い。店舗では感じられない地元の人たちの息遣いのようなものも感じられる。そういう点の良さも含めて屋台はおすすめなので、過度に恐れることなくトライしてもらえたら幸いである。

俺流の体調管理

「お腹とか壊さないんですか?」

海外の危険地帯やスラム街などで不衛生だったり、馴染みのない奇妙な食材でつくられた料理を食べることがある。その様子をテレビや雑誌で見た人からは、よくこんな質問をされる。

「壊しますよ、当然」と答えると「そうなんですか?」と不思議がられてしまうこともしばしばだ。私の胃袋が鉄素材かなにかでできていると幻想を抱いてくれていた人には申し訳ないのだが、こっちも人間なんだから、変なものを食べたら当然のことながら腹ぐらいは余裕で壊すのである。

だが、これまでに何度も食あたりや食中毒を経験しているので、ほかの人よりは対処に慣れているという自覚はある。そこで、今回は旅や海外取材を続けていくうえで、実は気を遣っているゴンザレス流の健康管理について紹介しておきたい。

誤解なきように言っておきたいのは、医学的にどうこうというのではなく、あくまで私が実際にやっているやり方だということ。読者の方にしたら「逆に危ないから！」というものもあるかもしれないので、安易に真似しないでもらいたい。やるなら自己責任でね。

さて、大げさに言ってはみたが、すべての基本はうがい手洗いである。ただし、その際には、水道水を信用するかどうかという問題がある。日本や先進国の多くでは、水道に比較的きれいな水が使われている。だが、途上国や一部の先進国でも、水道水が飲料に適さないことがあるのだ（特に煮沸してない場合には）。それだけに、顔のなかでも目のようなデリケートな場所や喉（粘膜）がある場所については、なるべくペットボトルの水で洗うようにしている。

また、日本人的な感覚からすれば、ホテルに帰ったタイミングでうがい手洗いと思うだろうが、できれば気がついたらその場で洗ったほうがいい。水を使うのではなく、アルコール消毒できるペーパータオルなどを常備して使うのがいいだろう。あくまで私の意見だが、スラム街などの衛生的ではない場所に入ったあとは、汚れた手で顔を触ったりしがちで、その際に妙なバイキンに感染して体調を悪化させることもあるので注意が必要なのだ。

ちなみに2011年、洪水になったバンコクで汚水まみれになったことがある。もちろん取材しようと思って行ったわけなので、汚水まみれは想定の範囲内。細菌の感染対策として、ボトル入りの消毒用エタノールを直接体にぶっかけた。肉眼で見えなくとも小さな傷は体中にあるはずだから、これでもやり過ぎとは思わなかった。実際、その後もなにひとつ後遺症はなく現在に至っている。

体温調整なども健康管理には重要だ。寒さについては、暖かくして寝る以外にないと思うが、暑さについては割りと工夫をしている。Tシャツ（ドライ素材が望ましい）を濡らしてそのまま着用し、場合によっては外出の際も濡れたままだ。寝るときも同じようにして、ファンをつけたりして風を浴びるようにすれば涼しく就寝できる。これは、液体は気化する時に熱を持っていってくれるという気化熱の原理を使っている。

また、食事の時の一工夫として、手持ちのティッシュやペットボトルの水でフォークやスプーン、コップの口などを拭くといったことも自然とやっている。

あとはよく被害者を目にして、私も気をつけているのが日焼けである。南国に来た日本人は半袖やタンクトップで出歩く。涼しくていいのだが、エリアによっては日差しが強すぎて、特に日焼けの下地ができていない状態だとたいへんなダメージを負い兼ねない。そのため長袖と日焼け止めクリームは鉄板のセット。というのも私は実は紫外線に敏感で、しょっちゅうダメージを負ってしまうのでかなり気にしていたりするのだ。

無事に日本に帰ってきてこそ、旅は完結できる。「もしかして自分も危ないかな」と思って気をつけてもらえたら幸いである。

バンコクにて、洪水の際にドブ水に浸かって取材をしていた筆者。

NYで一番安い宿

世界最大の都市のひとつニューヨーク。多くの人が成功を夢見て集まってくる街である。この街に来て驚くのはホテル代が高いこと。ビジネスホテルのようなところでも100～200ドルで済めば安い方である。ドミトリーのようなベッド貸しスタイルのゲストハウス（風呂トイレ共同）でも100ドルぐらいは平気で超えてくる。そんなニューヨークのホテル事情を知っている人はマンハッタン島（いわゆるニューヨークな観光地があるエリア）を離れて対岸のブルックリン地区やクイーンズ地区に宿をとるが、それでも100ドル以上はしてしまう。そうなってくるとエアビーアンドビーのような民泊スタイル（民家に有料で宿泊）に頼ることもできるが、せっかくの旅先で民家には……と、どうしても抵抗がある人はいるだろう。そこで、ニューヨークで一番安い宿に泊まってみるのはどうだろうか。

このホテルは、マンハッタン島の南部、いわゆるチャイナタウンに位置しており、見た目は完全に普通のホテルである。ただし、内部に入ってみると違和感しかない。フロントの目の前にある分厚い扉を開けて上階にいく。すると目に入ってくるのは各フロアに入るための扉には鍵がかかっている。チェックインのときに渡された鍵は二種類あったので、どうやらこれで自分が滞在するためのフロアに入っていくようだ。

私が宿泊したのは最上階の6階だった（フロントは3階）。大きめなフロアは壁で仕切られており通路に沿って扉がいくつも並んでいる。しかし、驚愕するべきは壁が天井まで達していないこと。私の宿泊する部屋に入ると、病院の診察台のようなベッドが置いてあり、その横に50センチぐらいの空きスペースがあるだけだ。「狭い」と思いながら天井を見ると金網が張ってあった。これで、他の部屋への侵入を防ぐようにしているのだろう。風呂やトイレは共同のため室内に水回りの設備はない。

ベッドに荷物を置いて鍵をかけてホテル内を見学してみることにした。私の滞在していたフロアは比較的掃除も行き届いていて一定の清潔感はある。あまり面白みもないので、下のフロアにも行ってみることにした。

鍵がないので扉の前にしばらく立っていると、宿泊者とおぼしき男が来た。よく見れば服装は薄汚れていて金を持っているようには見えない。彼にくっついてそのフロアに入ってみると、私の宿泊してる上層よりもはるかに薄汚れているのがわかる。

扉も完全に閉まっていない部屋があったので覗きこんでみると、ホームレスのダンボールハウスのような雰囲気で荷物がびっしりとつめ込まれていた。しかもよくよく見てみると、ベッドに寝転がっている男がいる。他の部屋ではカセットコンロで料理をしている男もいた。

さらには、くわえタバコの男がいた。アメリカで屋内喫煙などできるはずもないのに堂々と吸っていることに衝撃を受けた。よく見れば吸い殻もあちこちに落ちている。

ここはいったいどういう宿なんだろう。

私はフロントでこの宿のことを質問してみた。すると、スタッフが「恵まれない人のために安く泊まれるようになっているんだよ」と教えてくれた。私の宿泊費は30ドル。ホームレスは10ドル程度で泊まれるのだそうだ。あまりおすすめはしないが、安く泊まりたいときには挑戦してみるのもいいだろう。

意外な場所に宿選び

ホテル選びってどうしてますか？

個人旅行ならばホテルの手配も、1から10まで自分でやるのが当然で、自分の基準でわりとサクっと決めてしまうことがある。それでも旅するときの宿探しというのは大きな課題であり楽しみでもある。

ところが、人によっては宿選びの基準がわからないということを小耳に挟んだので、今回はゴンザレス流の宿選びについて紹介してみたい。まず、なぜ宿選びで迷ってしまうのかの理由について。そのあたりについては私も思うところはある。そこで少々古い話になるが、宿選びの変遷について紹介しておきたい。

かつての個人旅行では、宿の噂や情報は旅人から教えてもらうものだった。日本人宿にある情報ノートが貴重なデータベースであり、より正確な情報を得るために自分がこれから旅しようとする場所から戻ってきた人に会いたくてバンコクの旅人の聖地カオサン通りに行った。聖地といえば聞こえはいいが、大半の旅行者はあまり行き先を限定しないで「まず、バンコクへ」という感じで逗留してから情報を集める。そのうえで行き先を決定するというスタイルが主流だったからだ。

インターネット普及以前のことである。せめて『地球の歩き方』に掲載してあるような大都市ならまだしも、国境沿いの村なんかの情報は皆無だが、知っておかないと不便だったりするので、当時はこうしたコミュニケーションベースの情報が重宝された。これが予約サイトの登場によって大きく変わった。

今でこそ、事前に予約してバウチャー（予約・支払い証票）を持参したり、アプリでチェックインするのが当たり前になっているが、ネット予約システム黎明期や過渡期には微妙な展開も多かった。予約しても宿側が把握できていなかったり、出力したバウチャーでないとダメだと言われたりした。おかげで、宿が見つからずに、結局2時間近く町中を歩き回って飛び込みで探しまわったこともある。私もこのような経験を経て事前予約が当たり前になってしまった。

だが、パソコン上だけで宿選びをするわけで、行ったことのない場所だと土地勘もないので迷いが生まれて、絞り込めずに選びきれなくなってしまう。そうこうしているうちに部屋が次々とおさえられてしまう。だから、基準がないと困ってしまうというわけなのだ。

では、迷いなく選んでいる私のやり方はというと、曖昧なようでありながら、それなりの基準をもって決めている。何かというと「売春街やその近辺に宿をとる」のである。

さて、どう思われるだろうか。誤解のないように言っておきたいのは、売春宿に泊まれと言ってるのではない。あくまで売春街に泊まるのだ。そもそも売春宿をオンラインで予約できるはずもないので（一部できる地域もあるようだが割愛）、いらぬ心配ということで捨て置いてもらいたい。

先入観を抜きに考えれば売春街というのは旅行者にとってメリットが大きい。売春街というのは、どこの街でも裏社会や警察と密接な関係にある。イメージしにくい人は、日本に置き換えて考えてみてほしい。ヤクザが管理して、警察が目を光らせているような場所で小商いのような悪事を働こうとする気になるだろうか。もちろん、美人局など性にまつわる犯罪はなくはないので、完全に安全とは言いにくいところもあるが、それでも筆者の肌感覚的には総じて犯罪率が低くなると思う。

ちなみに副産物的な魅力もある。それは、人間ならば食と性は密接に結びつくため、美味しくてレベルの高い飲食店が周囲に多くなるのだ。これも肌感覚ではあるのだが。

各国、各都市に応じて状況は違うので、必ずしも売春街にこだわらないでもいいが、ひとつの目安として検討してみてはどうだろうか。少しは宿選びの迷いも減るかもしれない。

ただし、どうしても色街に忌避感がある人は、複数の口コミサイトのレビューを参照するという王道のやり方をしてもいいだろう。個人的にはあまり面白みがないし、ハズレをひくことがなさそうなので、あまりやりたくはないが。なぜなら笑えるハズレを引くぐらいが当たりだと思っているところがあるからだ。まあ、そんなネタ的なことを考えているような人は、かなりの変人なのかもしれないが。それもまた旅のスタイルなんだと思うことにしている。

アテネの売春宿。このエリアにホテルをとったが快適に過ごせた。

Uberを使った旅のスタイル

海外の移動手段としてタクシーほど便利なものはないと思う。当たり前のことだが、道を知らなくても行き先を伝えれば連れて行ってくれる。そして当たり前ではあるが有料だ。それはドライバーが免許を持ったプロだからだ。

だが、近年ではタクシードライバーにとってかわりだしたのが、「Uber（ウーバー）」である。

知らない人のために簡単に言うと、Uberは、自動車配車アプリのことである。スマホにアプリをダウンロードして、クレジットカードなどの情報を登録して、あとはアプリを起動して地図上に表示されたUberの契約ドライバーのアイコンをクリックするだけ。到着予想時間や車種などが記載されているので、それを目安に「この車だな」と思ったら、ドライバーに声をかけて乗せてもらう。

支払いは登録されているクレジットカードで決済されるので、直接の現金のやりとりは発生しない。タクシーよりも安価で、流しのタクシーを拾うよりも便利だったりするので、利用者は全世界で拡大中だ。

Ｕｂｅｒが登場し始めた頃、私はこのサービスに懐疑的だった。情報として知っているだけでなく、実際に稼働している現場をアメリカや東南アジアなどで見たこともあったが、自分が利用するところまではいっていなかった。これは白タクを配車するサービスでしかないように思っていたからだ。私は取材で移動することが多いので、金額よりも確実に到着することを優先し、白タクを利用することはあまりない。つまり、ドライバーがライセンスを持ったプロではないことがどうしても引っかかっていたのだ。

もちろん、Ｕｂｅｒ自体にドライバーの審査基準や客の評価といったものがあるのだが、この頃は、それでもいまいちな感じだった。なにせ、地理に明るい自分の国や地元であればともかく、外国で近道なのか遠回りなのかもわからないところを正規のタクシーよりも安いというメリットだけで使う気にならなかったのだ。

「Ｕｂｅｒだけしか使っていない」と豪語していた知り合いと一緒にＵｂｅｒを利用する機会があったのだが、道路に手配した車が来ても運転手は我々に気が付かず、まったく違う旅行者っぽい人に声をかけていた。その旅行者がナンパか何かと勘違いして運転手とトラブルになりかけていて、他人事ながらヒヤヒヤしたことがあった。

そんな経験もあって「いつか大きなトラブルに発展するんじゃないだろうか」と思っていた。

案の定、Uberドライバーと乗客のトラブルが報じられることもあったが、ところが私の懸念をよそに、この数年で急速に浸透していった。

さらには、私のほうでも心変わりがあった。というのは、それほど警戒していたUberを積極的に利用するようになったのだ。きっかけはニューヨークやロスなど、Uberが普及している場所での移動に使ったことだ。最初は自分だけではなく、同行者もいたのでどうしたものかと思ったが、次々と予定をこなさないといけないので、利便性を優先し、気がついたときにはかなりの回数の移動をUberでこなしていたのだった。

終わってみればすっかりUberを使うことに抵抗がなくなっていた。決定的になった出来事があった。それは、南アフリカのヨハネスブルグで利用したときだ。

治安の悪さが際立つヨハネスブルグでは、流しのタクシーというのが存在しない。旅行者が市内を移動するには車とドライバーをセットで雇うか、レンタカー、乗り合いバス、そしてUberしかないのだ。

まず、予算的にドライバーは雇えない。レンタカーは不慣れかつ治安の面から、独特のルールが多いヨハネスブルグを運転する自信がない（場所によっては赤信号で止まらないなど）。乗り合いバスは論外。そうなるとUberしか選択肢がなかった。

警戒しつつもアプリを起動して車を選ぶ。しばらく待っていると、気さくなドライバーがあらわれて無事乗車。何度か利用しても問題なかった。それどころか旧黒人居住区のソウェトに夕方から向かったときなどは、こちらの身を案じてくれて何かあったら迎えにいくからと電話番号を渡してくれた。実際、深夜近くのタイミングで電話したところ「すぐに行く」となって、宿まで送ってくれた。それも行きと同じ値段であった。一連のやりとりも含めて、相当に便利だったうえに運転手に対する不信感が消えた。より正確に言うならば、運転手の人間性や信ぴょう性をマスにとらえるのではなく、個々人で見ていこうと思うようになったのだ。こうして、私はUberを拒否することなく、積極的に利用するようになったのだ。

お土産選び

海外旅行ではお土産の比重というのは意外に大きいものだ。

サラリーマン時代（意外かもしれないが勤め人をしていたこともあるのだ）、海外旅行に行くことが職場で知られたら必ずお土産を買っていった。別に悪いことをしているわけでも、秘密にしているわけでもないのだが、「お前だけが海外に遊びにいくなんて……許せない」という空気が生まれないように気をつけていたのだ。

だが、買っていくお土産もなんでもいいというわけでもない。あまりにも適当なものだとかえって反発を強めかねない。みうらじゅんさんが「イヤゲモノ」と見事なジャンルを作り上げたので、そのあたりは、読者諸君のなかにも経験者がいるかもしれない。

では、どんなお土産を選んでいくのがいいのか。これまで何度となくお土産を買ってきた私の経験が（独断と偏見があるものの）導き出したのが、「いかに無難に済ませるのか」である。

先ほど変なものを買っていくと反発されるといったが、それは間違いない。だが、無難なものを買っていくと「おいおい、つまんないもの買ってくるなよ」などと嫌味のひとつも言われるだろうが、それで終わりなのだ。

お土産の場合、この無難が大事なのだ。お土産はプレゼントとは違いあくまで善意の押しつけにすぎない。先ほどのような職場の同調圧力的な空気があったとしてもだ。そのため、基本的に喜んでもらおうとしてはいけない。なので、私が無難に済ますお土産選びの場所として使っているのが空港のお土産物屋やツアー旅行者が連れて行かれるような街のお土産物屋である。そして、そのなかから選ぶのは渡航先の国名の入った保存のきくお菓子である。できるだけ小分けに包装されているものが望ましい。

どういうことかというと、同僚にお土産を渡す時には、どこの国に行ったのかぐらいしか言わないだろうから、それが明記してあるものを渡すことで余計なことを説明しないで済む。さらに、同僚が机にいるとは限らないので、机の上に置いておくことができる個別包装のお菓子はかなり便利だ。気を配る余裕があるならば、置き手紙を添えておくとよりベターである。最後に空港のような場所に置いてあるお菓子というのは、こうした条件を大体が満たしてくれているので非常に便利なのだ。そのため私も利用頻度が高くなってしまった。ちなみに私の場合には、「ベタですいません」と言いながら配布するのが常だった。たとえそのお菓子がマイナーだろうと、そう言っておくと「王道を選んできたんだな」と思われるので、まったく問題にならないのだ。

さて、国内へのお土産についてここまでまとめてきたが、まったく逆のパターンで日本から海外にお土産を持参する人もいるだろう。そこで、私がオススメする日本のお土産についても紹介しておきたい。

日本のお土産というと、和テイストかクールジャパンを気取ったアニメものが思い浮かぶかもしれないが、私が見る限りではそうしたものが積極的に歓迎されているようには見えない。むしろ日本のオリジナルという意味でいえば、「携帯灰皿」がオススメである。どこの国でもほとんどお目にかかったことはないうえに、コンパクトで種類が豊富なのは日本ぐらいではないかと思う。全ての人が喫煙者ではないが、物珍しいという意味では割りと歓迎されるのではないかと思うのだ。日本では禁煙が進んでいるが、海外ではそうでもない地域が多いので、そのあたりも気にしないでいいだろう。

こうした苦心は誰しもあるので、もしあなたが同僚などからお土産をもらったときは、優しく「ありがとう」と言っておこう。そうすれば、あなたの無難なお土産の際にもきっと同じような返事をしてくれることだろう。

海外ナンパは成功するのか？

旅先でのアバンチュールや運命の出会いなど、海外での男女の色恋というのは憧れであり、実体験者たちはことさらロマンチックに語り倒す。一方で多くの一般旅行者たちは、「旅に男女の出会いなんて幻想か都市伝説」と切り捨ててしまっているのが現状だろう。まあ、実際のところ出会いなんてそうそうない。

さらに地域を限定してヨーロッパやアメリカになれば、現地女性と深い関係になることなど皆無といえる。誤解を恐れずに言わせてもらえば、日本人男性は海外ではモテないのだ。一部アジアではモテる説もあるが、それは日本が経済的に周辺国を圧倒していた時の幻想が作用しているからだと思う。ここでは男性目線で語るが、それは日本人女性ならば大体の国でモテるから、あらためてまとめる必要もないからだ。

「理想はアメリカの給料を貰い、中国人のコックを雇い、イギリスの家に住み、日本人の妻を持つこと」というよく知られたエスニック（民族性）ジョークがある。ここでも日本人女性が人気なのがよくわかるだろう（ちなみに地獄については「中国の給料を貰い、イギリス人のコックを雇い、日本の家に住み、アメリカ人の妻を持つこと」となっている。中国人＝貧乏の扱いから、このジョークの成立年代が古いことがわかるだろう。さらに相当昔から日本人女性は人気だったということにもなる）。そんなわけで日本人女性については、ここでは割愛させていただく。

さて、海外で日本人男性がモテないのは、肉体的な特徴や語学力のなさに加えてモテのポイントとして考えている要素がズレていることがある。国内では顔や仕事、経済力などが主力だろうが、海外ではそうではない。まず頭の良さが優先で、その場に合ったジョークが言えるインテリジェンスが重要視される。顔は二の次。あとはダンスや歌のようなエンタメ芸が必須だ。そして、これらをトータルしてアピールするコミュニケーション力がモノを言うのだ。

ようするに自分がどれほど魅力があるのかをアピールするというよりも、自分のモテる能力をフル活用して女性を気分よくさせることが重視される。これがわからないと、いくらイケメン風にファッションを決めても薄っぺらい男として却下されるだろう。

この勘違いを埋めないままにクラブでナンパしても、引っかかる女性はいないかもしれない。実際「昨日クラブでナンパしてさ」という知人の報告を聞いてみれば、なんのことはない客待ちの娼婦に声を掛けただけの話だった、なんてことがよくある。自分がモテたいと思っていると、そんな単純なことにも気がつけなかったりするのだ。

この数年、世界中で使われているＴｉｎｄｅｒという出会い系アプリでは、同種の勘違いによるトラブルがよく起きている。プロフィールに娼婦であることを示しているのに、「いきなり金を請求された」とか文句を言ったり、ＴＷ（トランス・ウーマン）のような隠語がわからずに、脱がしてみたらペニスがあったなどと文句を言い出す人もいたりする。

日本人旅行者は旅先での疑似恋愛を求め、外国人と知り合いたい現地女性はお金やコネを求めていることが大半だ（さすがに１００％とまでは言い切れないが）。需要と供給として割り切ることもできるが、それでは寂しすぎるだろうか。

さて、ここまでまとめてきて、日本人男性であることに絶望している人もいるかもしれない。そこで最後にどうすればいいのか、僭越ながら私なりの意見を述べさせていただきたい。それは、日本でモテる奴は海外でもモテるということ。道行く日本人女性をナンパしたり、クラブにいる子を口説けないのに、海外で急にモテるようなことはないのだ。旅に出る前に、まずは女子にアタックする練習を日本ですることをおすすめする。

旅のファッション

危険地帯ファッションはこれだ!

旅をするときの服装といえば、自分の旅のスタイルに応じて選択することが多いはずだ。動きやすいとか、いざとなったら捨てても構わないものだとか、逆に劇場や高級レストランに行きたいとか……いろいろだろう。

今回は、危険地帯を取材することが多い私の服装についてご紹介しておきたい。というのも、テレビ出演の際に着ている服のイメージが定着してしまったせいか、「いつも同じ服で旅しているんですか?」と言われることがあるからだ。

私の取材の様子は、以前放送していたＴＢＳ系の『クレイジージャーニー』で確認している人が多いのではないだろうか。当時はシャツとカーゴパンツかハーフパンツ。あとはキャップである。あれは、いちいち考えるのが面倒なのでテレビ用に固定していたファッションである。こだわりがあるわけではなく、テレビカメラが回っていない時の取材着はまったく別だったりする。

面倒であること以外にこのファッションにしていた理由は、ひとつの取材ごとに似たような服装で固めたかったというのがある。そうやって固定した服を着るようになったのは、きっかけとなったとある出来事があったからだ。

まだジャーナリストを名乗る前の20代前半。当時、インドやアジアを中心に旅をしていた。その時には頭に白いタオルを巻くことが多かった。旅の費用を貯めるために現場バイトが多かったのでその名残だったかもしれない。

あるとき、なんとなく古着屋でゲットした「７」と刺繍されたキャップを被った。そのままタイの定宿に向かった。本当に大した理由はない。子供の頃はよくキャップを被っていたなとか、そんな程度のなんとなくだ。

「どうも〜」と、いつもの調子で宿の前にたむろしている顔見知りのタイ人連中に声をかけた。すると連中の顔に「?·」が浮かんでいる。こちらも「あれ?」となった。思わずキャップを取って「俺、俺」と、自分の顔を指差すが、いまいちピンと来ていないのがわかった。これはちょっとおかしいぞと思いながら、いつも飯を食っている食堂に行った。行けば挨拶する程度の店主に今回も「ハロ〜」と声をかけてみた。そこでの反応もやはり芳しくなかった。

冷や汗が垂れてきた私はキャップをカバンにしまって、タオルを取り出した。汗ドメがわりにタオルを頭に巻くと、店主は「あ〜〜！　久しぶりね」と言ったのだ。私がいつも来る常連の旅行者であることに気がついたようだ。

「どうして気が付かなかったの?」

「だって、君はいつもタオルを巻いているだろ。だからキャップを被っている君がわからなかったんだ」

店主の言葉を聞き、外国人は日本人の顔をそれほど厳密に見分けられないのかもしれないと思った。人の顔の記憶というのはぼんやりとした雰囲気であって、1、2回見かけたぐらいでは完全に定着しないということを思いだした。人種の違いもあるだろうが、よほど仲良くならないと覚えてもらえないのは珍しいことではないのだろう。もちろん個人差はあるだろうが。ちなみにこの件をきっかけに「セブン」と呼ばれるようになった。今度はキャップが目印になった。こんな経験をしたあとだと、実に頼りない目印としか思えなかった。

さて、それ以来、私は人の顔の認識や見分け方に自分でも工夫することにした。たとえば顔を覚えきれない際に個人を識別するヒントに使っているのは「靴」である。靴の種類や特徴に注目しておいて、同一人物かどうか見極めるのだ。そのほうがぼんやりと顔を覚えるよりも具体的なので、記憶に残りやすい。しかも服と違ってしょっちゅう変わらないし、その人の趣味が反映されやすいからだ。

この靴で覚えるやり方は、取材で知り合った探偵に教えてもらった尾行の基礎である。しかし、スラム街のようなところでは靴を履いていない人もいたりするので、安直にこの方法だけに頼ると痛い目を見ることもあるので注意が必要である。

ということで、あまり覚えられたくない時には、服を変えてしまえば気づかれることがぐっと減る。必要に応じて同じ服なのか違うものか、メリット・デメリットを見極めて選んでもらいたい。

筆者の取材スタイルは共通パターンがあって、だいたい同じような服が多い。

危険地帯の靴選び

オシャレに精通した大人の男性から、「大人のファッションは端っこにこだわれ」と言われたことがある。ダンディな人だったので、帽子や時計、ネクタイなどのことを言っていたのだと思う。だが、私がこだわったのは「靴」である。個人の認識のための見分け方でも重視したが、自分が履く靴にもこだわっているのだ。

そもそもスラム街だとかの危険地帯を歩くための靴選びは、様々な条件を想定しなければならない。大前提として、どこのスラムも道が悪い。ガラス瓶から謎の破片などなど様々なものが転がっている。そんな道を歩くのだから、例えサンダルであろうとも、できるだけソールの厚いものを選ぶべきである。私は厚手のゴムで全体を覆うタイプのサンダルを使用している。具体的にわかりにくいところがあるだろうが、ゴム製でガッチリしたものをセレクトするようにしているのだ。

もちろんサンダルは気候的に暑い地域に限るが、できるだけサンダルがいい理由がある。

というのも、サンダルの最大の利点は全体を洗えることだ。先ほど瓦礫が散乱していて道が悪いといったが、それ以外にも泥や汚水が流れ込んできてグチャグチャ……なんてのも珍しくない。それほどに下水設備が追いついておらず、高確率でウンコを踏む。それも動物のものではなく人間のものだ。

スラムで人糞を踏むことはギャグっぽいハプニングのように思われるかもしれないが、実はかなりのリスクがつきまとう。足に怪我でもしていようものなら、雑菌が入り込んで破傷風を始めとする多くの疾患を引き起こしかねない。

「それならブーツのようなガッチリと固められるものを履けば？」と言われそうだが、それはスラム街での探索をどのようにするのかによってわかれるところ。私が先程からサンダル派を主張しているのは、多少怪我してもウンコで汚れても、すぐに洗ったり消毒したりして対処できるからだ。それも部分洗いではなく、足ごとサンダル全体を洗いたいのだ。

ブーツだと、丸洗いできなかったり乾くのに時間がかかったりもする。取材や滞在が一日こっきりならいいが、何日も連続するとなるときつい。正直、ウンコ臭い靴を何日も履き続けるのはもっときつい。不衛生なのが嫌だという精神的な問題だけではなく、ウンコ

↓雑菌が入ったら破傷風や様々な病気に発展するので、取材後の洗浄は非常に重要なのだ。つまり靴は病気予防のアイテムでもある。

最後に、私の履いている靴のブランドをたまに聞かれることがあるが、実はほぼおなじメーカーのものを使っている。ＫＥＥＮという米国ポートランド発のブランドである。岩場というよりは、高地のトレイルランなどに性能を発揮するシューズを多く発売している。なぜ、このブランドなのか。その理由は２０１１年の東日本大震災にさかのぼる。

発災間もなく里帰り（実家は仙台だ）。当時、すでにノンフィクションライターとして活動をしていたこともあり震災の取材をすることになった

子供の頃から慣れ親しんだ場所だけに地の利はある。外部の人にはわからない抜け道を駆使して、折り重なる瓦礫を乗り越えてたどり着いた孤立地域。そこに私よりも早く入り込んで取材していた人たちがいた。日本人記者ならわからないでもない。ところが、そこにいたのは外国人だった。身につけているプレスカードにニューヨークタイムスとあった。瓦礫や水たまりを一切気にすることなく突き進む彼らの足元の装備がＫＥＥＮだったのだ。

実は実家に早く戻ることばかり考えて装備に気を配っていなかったせいで、スニーカー

で来ていたのだ。そのおかげでえらい目にあった。ビショ濡れだし、ドロドロだし、履き潰れるのは決定だった。それに比べて、すいすいと歩くアメリカ人記者たちの靴に抱いた憧れは、東京に戻った私をKEENショップに向かわせて即買いさせた。それ以来、KEENを愛用している（もちろん他のブランドも履いてるので、街で見かけて「adidas履いてんじゃん！」などのツッコミは控えてもらいたい）。

取材の際は足元など気にせずに水の中に入ってしまうこともある。

危険地帯の服選び

日本にいるときのファッションにこだわりはないのだが、海外取材の際には、それなりの理由があってセレクトをしている。

気候と取材場所のバランスを考慮している。たとえば暑い地域では、速乾性の高い素材を選ぶ。取材者ならではの工夫があるとすれば、暑い地域なのにTシャツと襟付きシャツの二枚重ねにすることだ。

ポイントは、襟付きで胸ポケットがあるシャツを選ぶこと。普段の取材で隠し撮りをすることはあまりないのだが、「ここから先は撮影するな！」と怒られてしまうとその限りではない。ダメだと言われても、どうしても取材しなければならないときにどうするのか。一応、私なりのテクニックとしては、スマートフォンを動画モードでセットしたまま胸ポケットに入れるのだ。ポケットが深すぎてレンズにキワがかかってしまう時には、あらかじめライターなどを入れておいて底上げするようにしている。

このときのポイントとしては、シャツの前ボタンをとめずに着ておく。そうすることで、裾を摘んでカメラの角度を調整することも可能になるのだ。まあ、大半の人にはまったく意味のない技術なのだが、私の場合にはいざというときに本当に大切なので、いつもこの格好をしている。

シャツ自体を選ぶ基準としては、さきほど速乾性の高いものが条件としていたが、これも大事である。というのも危険地帯に限らず、半袖シャツで過ごさねばならない気候は、一日が終わればだいたい汗だくである。当然、洗濯もしたくなる。もちろんホテルのランドリーサービスに頼むこともできるし、実際に依頼することもある。ただし、それは2日以上同じホテルに滞在する場合だけ。次から次へとホテルを乗り換えていく場合には、乾かなかったり紛失されたりとリスクもある。

そこで私がやるのは、自分で洗うこと。バックパッカー経験者ならば珍しくないことだろうが、短期旅行しかしたことがない人のために、手洗いする際の工夫を紹介しておこう。まず、洗濯機の仕組みは衣類同士をぶつけ合って汚れを落とすものである。そのやり方を真似て、洗面台にお湯を溜めて衣類を放り込む。あとは手で時計回りと反時計回りを繰り返す。その際に備え付けのボディーソープなどを流し込むと洗剤のかわりになる。わざわざ洗剤を持ち歩くことも、現地購入することもない。

本音を言えば、旅の途中で疲れているのに自分で洗濯するなんて正直面倒くさい。それでも確実に翌日までに用意できていることが大事なのだ。そのため少しでも乾きやすくするべく、洗濯後は可能な限りしっかりと水を絞る。ちなみに私は力が強すぎて繊維がちぎれてしまい、旅の最中に使用した下着やタオル類を廃棄せざるを得ないこともある。まあ、そんなに多い例ではないだろうから、それほど心配しないでもらいたい。あと、乾燥は冷暖房よりも送風のほうが効果は高いように思うので、エアコンがない部屋でもファンがあればそこそこ乾く。

ここまで暑い地域の服についてばかり紹介してきたが、寒い地域での取材では、気温が低いだけなのか風も強いのかなどを判断材料にして、アウターの種類を変えたりする。裏地のあるもので保温したり、隙間を作らないことを意識してインナーのサイズを通常よりひとつ下にすることもある。このあたりは見た目よりも完全に機能を重視している。そのため、値段の安いファストファッションよりも、現場作業着などを販売している店を活用している。ウインドブレーカーをヤッケと呼ぶような店だが、機能的なものが揃えられているのでおすすめである。

こうした環境や気候を意識してセレクトすることが多いなかで、暑さ寒さに関係なく気をつけていることもある。それは、ガラである。たとえば特定の思想があるように誤解されそうな柄や文字は極力排除する。ムスリムの国で女性の姿がプリントされた服は反発を食らうし、反アメリカ色の強い地域に星条旗プリントのデザインで行くような真似は避けるということだ。もちろん露骨に挑発するような英語のメッセージなんてのはもってのほかである。英語が苦手でメッセージの発信の重要性について気を抜いている日本人は意外とやってしまいそうなので注意が必要である。

筆者が取材でよく着用しているシャツとTシャツの組み合わせ。とにかく乾きやすい素材を選ぶ。

危険地帯取材の鞄の中

危険地帯を取材するための持ち物について紹介しようと思う。

しょっぱなからこんなことを言うのもいかがなものかと思うが、日本でしか購入できないものは基本ないと思っている。なんか忘れたら現地購入すればいいと思っているのが基本スタンスだ。

旅テクニックをまとめている情報サイトや旅の入門書などでは、爪切りや耳かき、爪楊枝といった小物類が手に入らないという記述もあるが、それは間違いであると思う。アジア、アフリカどこのエリアだろうと手に入る。ただし、自分にフィットするかどうかはそのアイテム次第といえるだろう。だから、日本に帰ってまで使うものを選ぶというのではなく、あくまでその場しのぎで選ぶという感じである。

以前、ニューヨークのチャイナタウンで1ドルしない爪切りを購入したことがある。爪を切ることができはしたが、指になじまないというか、細かいところまで切ることができないので、日本に帰るなり使わなくなってしまった。

そんな経験があったせいか、現地購入したものは現地廃棄することを基本にしている。とはいえ、高価な商品を購入して捨ててしまうのももったいないし、無駄にゴミを増やすのも申し訳ないので、なるべく消耗品だけを購入するようにしている。だからといって消耗品をすべて買っているわけではない。日本からなるべく持っていくことにしているものだってある。例えばクリップフックという、洗濯バサミにフックのついたもの。室内で手洗いした洗濯物を干しておくのに最適な小物で、このような便利商品は海外で探すのが面倒なので、持参するようにしている（どうしても入手できないときはS字フックと洗濯ばさみでも代用可能。つねに代替案は考えている）。

さて、次に紹介したいのは鞄である。私は通常バックパックとサブバックの組み合わせにしているのだが、バックパックには衣類や雑品がメインで、貴重品やパソコンなど電子機器類はサブバッグにまとめている。分け方の基準は「たとえバックパックがなくなっても旅だけはできる」ということ。つまり、パスポートと現金、カード類だけはセットにしてサブバックに入れるか身につけるようにしているのだ。それ以外はなんとでもなると思っておくぐらいでないと、荷物が気になって取材に集中できない。

このサブバックについてだが、実は少々特殊な機能があるものをセレクトしている。防水素材であることだ。これだと、急な雨から中身を守ってくれるのはもちろんのことながら、余計なポケットがついていないうえに生地が頑丈なので刃物も通りにくく盗難防止にも一役買っている。ちなみにダイバーズバッグだと、口をきっちりと閉じて中の空気を圧縮して浮袋の役割を果たしてくれるタイプのものもある。

この浮袋機能を実際に使うことはあまりないだろうが、実は過去に出番がまわってきた経験がある。ケニアのヴィクトリア湖で、乗っていたボートがエンジントラブルに見舞われて遭難した。しかも遠くからは嵐の雷雲が近づいている。私はどうやっても助かってやろうと思っていた。冷静になるように自分の持ち物を確認すると、サブバッグがダイバーズバッグだった。パソコン類は陸地に駐車した車に置いたままで中身は殆どない。もし船が沈んだら、空気を入れて浮袋にしようと覚悟をきめていた。ただし、他の乗組員にはそのことを伝えていなかった。本当に沈没したときに浮袋があると思われたら、それを巡ってパニックになると思ったからだ（救命胴衣は人数分あったので、本当に保険ぐらいの位置づけだった）。

幸いにも船は沈没することなく陸地についたが、万が一の備えが役立つこともあるので、ぜひとも旅のアイテムを揃える際の参考にしてもらえれば幸いである。まあ、このような遭難対策などは絶対に使いたくない機能ではあるが。

かばんの中身はだいたいこんな感じ。財布、カメラ、筆記用具に喫煙具などである。

ニューヨークでNYロゴはアリ？

以前から気になっていたどうでもいいことがある。冒頭から「どうでもいい」とかいうと読む気が失せる方もいらっしゃるかもしれないが、ここは堪えて最後までお付き合いいただければ幸いである。

さて、読者を減らすリスクを侵す書き出し方をしてまでここで書きたいどうでもいい気になることとは、「NY」のロゴである。言わずと知れた世界最大のメガシティであるニューヨークの頭文字をデザインしたものである。このロゴの代表的なニューヨークヤンキースの「NY」を重ねたデザインはティファニーが制作したものとしても知られている。都市名をデザインしたもっとも有名なのがNYだとして、それに限らず世界中の大都市の名前をロゴのようにして使う例は挙げだせばきりがない。

この都市ロゴだが、Tシャツやキャップなどのファッショングッズ、特に土産物に多く、たくさんの商品で使われている。おかげでTシャツに「東京」とか「LONDON」と入っていても大した違和感はない。

ファッションセンスは人それぞれなところもあるのが、過去に見たなかで特筆すべきものとしてタイの首都バンコクのカオサン通りの露店Tシャツがある。

旅人の聖地とされて、世界中のバックパッカーが集まったカオサン通り。そこには彼らを目当てにして自称ハイセンスな土産物屋も多かった。特に長い間定番商品となっていたのが、「曼谷（バンコク）」とプリントされたTシャツ。大きな文字を配しただけでセンスも何もないのだが、現地にいると「逆に大胆でいいかも」と、購入してしまう人が多かった。そして、旅をしているうちに「せっかく買ったのだから着てしまおう」とお土産であることを忘れてしまう人も結構いた。

そんな人を見るたびに「ああはなりたくないな」と、ずいぶんひどいことを若い頃の私は考えたりもしていた。ともかく、20年ほど前にカオサンで売られていたTシャツはダサくて、「あいつバンコクいたな」とすぐにわかるものが多かった。

そんな認識を持っていたわけだが、かといって自分のセンスにも自信がないまま歳を食ってしまった。そうこうしているなかで、30代の終わり頃の取材でニューヨークに行くことになった。せっかくなのでお気に入りのNYロゴ入りのキャップをかぶって行きたいが、果たしていいのだろうか。急速に気になりだした。

考えても答えがでるはずもないので、現地でニューヨーカーたちに聞いてみることにした。

「ニューヨーカーってNYロゴのキャップとかTシャツを着ている人をニューヨークで見かけるとどう思うの？」

「いや、……人のファッションに興味ないから。でもあのロゴはカッコイイと思う」

だいたいこんな返事ばかりだった。どうやら、ニューヨーカーもNYのロゴはオシャレだと認めているようだ。それは世界最大の都市に暮らすというプライドからのことなのかもしれないとも思う。

とはいえ、東京に暮らす私が「新宿」とか「渋谷」などのロゴがデザインされた服を着て歩くのはいささか抵抗があるので（実は持っているのだが……都内の土産物屋で外国人向けのものを買ってたまに着ている）、自分の暮らす都市に愛着やプライドを持って、着る服は選びたいものだ。

寒暖差の克服方法

数時間の飛行機移動で季節がズレるのは、海外旅行ではよくあることだ。日本が夏なのに着いてみたら真冬だとかで、完全に気候が真逆だったり、秋の入口ぐらいの気候だったのが、夏真っ盛りと微妙にズレていたりする。

こうしたズレに旅人たちは工夫を凝らして対処してきた。なかでも寒い時期の日本から暑い国への大きなズレがある場合には苦労が絶えなかった。

真冬の日本を出て、真夏の東南アジアへと向かう。現地についたら、靴や靴下は不要でサンダルだけで過ごすこともできる。それでも日本を飛び出すまでは、真冬の装いでいなければならない。それも、飛行機に乗るまでの移動と帰国してから家に帰るまでの限られた間だけである。

空港に着いたら、長袖は脱いでバックパックに放り込む。上着のみならず、インナーもあるので、それだけでかなりのスペースを使ってしまう。荷物が多くなれば、それだけでも移動が面倒くさいし、いい気はしないうえに機内持ち込みや預け入れ荷物の重量制限にも引っかかり、最悪の場合、追加料金をとられてしまう。

予定外の出費は、貧乏旅行者にとっては致命的である。正直なところ私も含めて多くの旅人が「なんとかならないものか」と、いつも思ってきた。

そんな困った状況に革命が起きたのは、ユニクロのウルトラライトダウンジャケットの発売である。２０００年初頭にはユニクロといえばフリースだった。そこに登場したのが薄いのに保温性に優れて、風も通さない。折りたたんでしまえばペットボトルよりも場所をとらない。最強のアウターであるウルトラライトダウンだったのだ。

これが発売されたおかげで「本当に助かった」という旅人も多く、まさに旅するには理想的なジャケットといえるだろう。旅先でライトダウンを着た人を本当によく見るようになったし、昔ほど季節に振り回されることもなくなった。これはこれでいいことだが、せっかくなので私が苦労した時代の話をここで紹介しておきたい。いまさらではあるが、どこかで参考になる旅テクニックもあるかもしれないので、念のため。

私の場合、日本が真冬でも渡航先が真夏ならば、そちらの季節を優先していた。日本にいる間の空港までの移動は、寒さとの戦いである。気合と根性で乗り切ってきた。上着は薄手のウィンドブレーカーで、長袖のTシャツや半袖シャツなどを重ね着していた。一枚、分厚いアウターを用意するよりも、そのほうが保温性が高いと体験的に考えていたことに加えて、バックパックに入っている荷物を使えばスペースを節約できる。一時的にとはいえ、減らすことで、機内持ち込み荷物の制限重量オーバーを回避することもできるのだ。褒められたやり方ではないが、そうやって必死で荷物を軽くしようとするのはバックパッカーにとっては日常的な行為だった。

また、細かいテクニックとしてはスニーカーなどの靴を履かずに、真冬でもサンダルを履いていく。ただし、素足ではなく靴下を装着してからだ。これだと、素足が見えない分、寒さも緩和される。ここで一点注意するとしたら、サンダルが鼻緒のあるビーチサンダルタイプだと靴下が引っかかるため靴下がはけない。おかげで、帰国して雪のちらつく中、ビーサンで帰宅したこともある。あのときは、本当に凍えて死ぬかと思った。

もし、これが逆のタイミングだったらなんとも思わなかっただろう。こう言っては身もふたもないかもしれないが、それほどに、これから海外に行こうとする情熱やハイテンションがあれば、どんな格好で動こうと耐えられるものなのだ。

ちなみに絶賛してきたウルトラライトダウンだが弊害もなくはない。それは、被りが多すぎること。空港はもちろん、旅行者が多い場所だとほぼ間違いなくウルトラライトダウン被りが発生する。そのときは誰も意識したりしないが、撮影した写真や、遠目にみたときなど、ほぼ同じグループの制服じゃねえかと思ってしまうほどだが、それぐらいしかデメリットがないので、本当におすすめなのである。

コラム　海外ウラ事情7

美人とはときに悲しい才能である

「美人は得だね！」

嫌味を含んだこの言い回しは、美人の置かれているポジションをよく表している。だが、視点を発展途上国に移してみるとこの限りではない。というのも、必ずしも美人に生まれることはプラスに働かないからだ。ある意味では「美人は不幸な才能」とさえ言えるかもしれない。

インドネシアの首都ジャカルタは、発展著しいアジアの巨大都市である。この街は再開発ラッシュが続いている。「毎月のように六本木ヒルズが生まれている感じがするよ」と、現地に駐在している友人が語っていた。昔からの居住区が一掃されて、巨大なマンションやショッピングモールに生まれ変わる。そんな再開発にみまわれているのが北部にあるコタ地区である。ジャカルタの中では、治安の悪いスラムと風俗店のある場所として知られている。

この場所を取材で訪れた時、ある少女に出会った。スラムを歩いていて、お邪魔させてもらった家庭でものすごく愛想のいい女の子に出会った。5歳ぐらいで鼻が低く美人顔ではないが愛嬌のある顔だった。だが、説明したいのはこの子のことではない。彼女の姉で10歳ぐらいの女の子がいたのだ。

彼女は私が妹にカメラを向けた瞬間に割って入ってきた。「私を撮りなさい」と言わんばかりにだ。別に幼女を被写体にしないといけないわけでもないので、二人をまとめて撮影した。すると、今度は姉の同世代の女の子を集めてきて「撮りなさい」となった。その時に気がついた。姉はさっきと同じ角度に首を曲げて、同じようなポーズをしていたのだ。つまり、彼女は幼いながらも自分の魅せ方をわかっている。自分がどう見せると可愛いと言われるのかを知っているのだ。そのことに気がついた私は前出のジャカルタ在住の友人に面白いエピソードとして話した。だが、彼の返事はショッキングなものだった。

「あの地区に若い女の子って10歳から十代半ばぐらいまでしかいないですよね。不思議に思いませんでした？」

「たしかに……そう言われれば、そんな感じがしましたね」

「10代後半になると夜の街に働きに出るんですよ。それも美人であればあるほど稼げますから、積極的に出ていきますよ」

あの子も自分が美人であることを周囲から言われているのだろう。だからこそ女の対応ができたのかもしれない。貧困から抜け出すために、将来は高確率で風俗入りするのかもしれない。そうなったら生活に困らないだけの金を手にして、金持ちの愛人になり、もしかしたら一攫千金もあるかもしれない。逆に愛らしい顔はしていたが、お世辞にも美人とはいえない妹のほうは、メイドとしてどこかの屋敷で働いたり、もしかしたら就職するかもしれない。そのうち適当な時期に結婚して子供とヒモみたいな旦那とスラムで暮らす。金持ちにはなれないだろうが家庭を築くことができるのだ。

どっちの人生が幸せなのだろうか。偏見の入った想定ではあるが、なんとなくイメージできてしまったので仕方がない。どう判断するのかは個人の価値基準によって違うだろう。風俗嬢＝不幸という図式が100％成立するとは言い切れない。だが、発展途上国の風俗嬢は日本の風俗嬢とは違いリスクが多い。病気もそうだが、ドラッグや犯罪に巻き込まれる確率は格段に高い。取材してきた限りだが、インドネシアに限らずフィリピンやタイ、ミャンマーなど、アジア各地でこの図式は成り立つと思う。

ここまで偏見混じりの推測ばかりだったが、実際に不幸な美人が生まれている事件もある。メキシコの美人コンテストは、麻薬カルテルの愛人コンテストなどと揶揄され問題になっているからだ。彼女たちを待ち受ける未来が不幸な結末であることは、近年の国際報道などでも明らかだ。美人は麻薬カルテルなどの犯罪者に狙われやすくなる。メキシコの街で貼られている行方不明者のビラ。写真の女性たちは美人が多かった。これほど露骨に美人が不幸に見舞われる国もないだろう。

すべてを日本の基準で考えることはできないが、それでもどこの世界でも美人は幸せかと問われたならば、少なくとも私は「不幸なこともあるんじゃないか」と疑問を呈していきたいと思う。

旅をはじめよう　（あとがきにかえて）

旅には終わりがあり、それを旅からの卒業という人もいる。では、反対に旅を「はじめる」ことは、いったいどのような意味を持つのだろうか。今回は私のように20年とか長く旅を続けている人の旅の「はじまり」を軸に旅について本書の最後に思うことをお伝えしてみたい。

まず、現在の私は旅をすることが仕事になっているので、やめられないという感じが正確なところだと思う。それでも、これまでに大きな旅を何度か経験して、そのたびに「これで卒業」と思ったものである。しかし、卒業を決意した後、しばらくすると「また旅に出よう」という欲求に背中を押されてしまうのだ。

決まった時間はなく、旅に出たいという気持ちゲージがいっぱいになるような感じだ。

溜まるまでの期間というのは、溜めを作っているようなものなんだと思う。いったい何を溜めているのか。それは好奇心への飢えではないかと思う。

旅を人生に例える人は多い。だが、私は似て非なるものだと思っている。人生を途中でやめたりすることはできなくても、旅ならば可能だからである。しかも何度だってやり直すことができる。私のように「もう辞めた！」と思った人でも、知りたいこと、見てみたいこと、会ってみたい人、食べてみたい料理、感じてみたい温度、触れてみたい空気があることを新たに知ってしまったら、「また旅に出たい」と思ってしまう。これらはすべて好奇心への飢えとして括ることができる。つまり、私にとって、旅とは好奇心を満たすための最良の手段となっているのだ。そして、好奇心とは人間を成長させる最大のファクターである。

少々大げさかもしれないが、10年以上前に会社を辞めてフリーランスとして生きる選択をしたときから、私は誰かに旅に出ることを強制されることもなければ、いつどのタイミングで旅に出てもいい立場になることができた。自由人である。好き勝手に生きていいはずなのに、それが案外と難しい。いつでもいいとなると人間はなかなか決めることができないのだ。そのことは身をもって知ることになった。

「年内にアメリカを旅してルポ書いてよ」

とある雑誌から年初にもらった依頼もギリギリになるまで留めてしまい、結局は年末に近い時期に取材をすることになった。タイやフィリピンなど慣れた地域に至っては、直前まで航空券やホテルの手配を怠るなどよくあることになってしまった。ときには旅行保険を当日に申し込んでしまうこともある。幸いなことにここまではなんとか対処することができた。とはいえ、途中で何度も企画をキャンセルする機会はあった。それでもやめなかったのは、その旅で新たな何かに出会えるかもしれないという好奇心があったからだ。

それを踏まえてお伝えしたいことがある。2020年から世界中がコロナ禍を経験した。多くの人が移動を制限されることになった。この期間、私も例外なく旅はもちろん、自宅のある東京からほとんど出ることもなかった。前年まで一ヶ月に最低1回のペースで、多いときは月に3回の旅に出ていた身からするとあり得ない状況だった。こんなことは10年以上ぶりかもしれない。おかげで、時間だけはたっぷりできた。やれることといったら整理していないメモ帳、写真などをひっくり返すこと。これは今まで以上に旅を見つめ直す機会になった。これまでに感じたことのない好奇心の飢えである。この飢えを再び感じることがあるとは思っていなかった。

実はあまりに動き回りすぎた数年間のせいで旅に飽きがきはじめていたのだ。もうめんどくさいから海外に行かなくてもいいかなと思うこともあった。それがコロナ禍の間に自分を見つめ直す時間をとったことで心の中から「めんどくさい」が消えていた。そして、浮かび上がってきたのが純粋に海外に行きたいという今までにないほど強い好奇心だった。

自分が海外を旅することが好きなんだということを嫌というほど思い知らされた。そして再び旅ができるようになったら、きっと、これまで以上に旅を楽しもうと決意できた。

若かりし日々、好奇心に忠実であったことは、間違いなく今の私を形作っている。旅することは私の隅々まで染み込んだ感覚である。これからも自分の感覚を信じて旅を続けていきたい。いまはかつてないほど強く思っている。

旅先の筆者。いつだって旅は好奇心が原動力である！

ホントのあとがき

「終わった番組にすがってんじゃねえよ」

共演したお笑いコンビの鬼越トマホーク・坂井さんからのツッコミで使われたくだりである。YouTubeの私の番組のオープニング、彼らの持ちネタの「絡んだ相手のイメージをやや露悪的にいじる」というやつだ。現場では私を含めて大爆笑。その反面、冷静に考えてみれば、まだあの番組に引っかかっている人がいるのかなという思いがあった。

酒井さんに突っ込まれたのは、TBS系で放送されていた『クレイジージャーニー』という番組のことだ。わりと高い頻度で出演していたので記憶にある人も多いだろう。そして、番組が打ち切られた顚末というのも覚えている人も多いかもしれない。打ち切り事件の裏側について私は関知していないので、新事実とか核心に迫るようなことを語ることもできないが、あえて言うとしたら、私を担当してくれたスタッフのみなさんは真剣に向き合って番組を作っていたと思うし、この番組（地上波として）でなければ紹介できないようなテーマも多く扱わせてもらったので、私としては感謝しかない。同時に私自身、番組に依存するような活動をしていたわけではないので、打ち切りとともに仕事がなくなるということもなかった。正直、私にとっては仕事の一環という意識しかなかった。

それでも私のイメージは良くも悪くもクレイジージャーニーが未だ強い。そこで番組の誕生から知る者として、放送の内側で何が起きて、私がどのように接してきたのかといったあたりを本書ができあがった背景とともに紹介しておこう。

本書の原稿のもとになるものは『漫画ゴラク』で連載していたコラムだった。原稿を書き始めるにあたって、何年も前から付き合いのあった編集者から飲みに行くたびに「なんかやりましょうよ」と話し合っていたものだった。それこそ、クレイジージャーニーが放送される2015年をはるか遡る時期からだった。

当時、裏社会を取材するライターとして深夜番組に出演したり、すでに著作も何冊かあった。この分野でそれなりの存在感を発揮していて、この先も日本の裏社会を取材し続けていくと思っていた。学生時代から続けていた海外一人旅は趣味……というには、深くハマっていたが、それでも専門分野とするほどではない。趣味的に取材しているのがスラムやドラッグ、売春、ときどきギャングみたいな連中に飲みながら話を聞くとかに過ぎなかった。そんなものが日本で受け入れられることもなかったし、実際、サブカル誌でちょっとしたネタにする程度だったのだ（誇張抜きに海外企画は全然通らなかったのだ！）。

転機となったのは2014年の夏頃にTBSから入った連絡。新番組をつくりたいので協力してほしいというもの。正直気乗りしていなかった。「またかよ」と思って、速攻で断ろうと思ったほどだ。実はそこからさらに半年前ぐらいに「海外の裏社会に詳しいやつがレポートする」というクレイジージャーニーに似た企画案をTBSの人と話したところ「海外レポートは芸能人がいかないと尺がもたない」と却下され、ものすごく失礼な感じであしわられたばかりだったのだ。

それでも連絡してきたTBSのスタッフは、件の人とは別の人であったことと、細かく丁寧な連絡だったので、とりあえず打ち合わせに臨んだ。それからお互いに話し合い、企画内容を模索して二転三転しながらクレイジージャーニーにつながったのだ。

番組がスタートすると予想以上に人気になった。それでも私としてはテレビで海外のやばいところをレポートする人という注目のされ方に違和感がありストレスを感じていた。バックボーンとしての物書きの部分や、かつて学んできた考古学をベースとした取材手法などには誰も見向きもしてくれなかった。それどころか危険地帯に行くだけの人、なんも仕事してない人、ダイエットに失敗した中年オヤジなどなど、心無い言葉を投げつけられる始末だった。

文脈的には、「別にこれまでの実績をアピールしたいわけじゃない」と格好つけるところだろうが、私も人間が出来ている方ではないので、実情とのズレには相応のストレスがあったし、「ふざけんな」と思っていたことを正直に記しておきたい。

さて、さきほどのゴラク編集者から声をかけられたのは、そんなタイミングだった。彼から「コラムやりましょう。内容は海外取材のことを好き勝手に書いていいですから」と言われたのだ。2015年9月のことだった。

そこからすぐに原稿を書き始めて、休むこともなく続けて100回の週刊連載。辛くなかったとは言わない。テレビだけではなく様々な媒体での海外取材と著作の執筆にメディア出演も増えており多忙を極める時期だったので大変ではあった。それでも、この連載で自由に自分の考えを発表し続けたことで私の心の安定を保つことができた。

連載自体は約2年で、番組放送期間の途中で終わってしまった。それは残念ではあるが、もともと100回を区切りに動き出した企画なので仕方ないところはあった。それなのに、この連載をまとめて本にしようとなったときに、今度はクレイジージャーニーの打ち切り騒動である。

ちなみに、休止からの打ち切りという流れだったが、その一報はテレビ局からではなかった。取材先のロサンゼルスに滞在中、スマホでたまたま見たネットニュースで知った。不思議なことに衝撃というより妙な悔しさがあった。もし終わるなら、自分の取材でやりすぎて問題になるのではと内心思っていたからかもしれない。そうなれば自分の取材が伝説になるんじゃないかと期待していたところもあったかもしれない。

それから帰国して番組は正式に打ち切られることになった。

番組の影響力がなくなったことで、私としては「自由にできる」というぐらいにしか思っていなかった。そして、自分のやってきたことの棚卸しをしようと、これまでの仕事を整理していると、本書の元原稿が宙ぶらりんになっていることに気づいた。ゴラクとも相談をしていたが、すぐに書籍化は難しいとのこと。どうしようかと思っていたところで、産業編集センターの及川さんと出会ったのだ。トークイベントを開催していた湘南蔦屋書店でのことだった。

自由になった自分の不自由だった時の原稿。若干の皮肉な感じはあるのだが、それでもあの頃に必死で書いたものを世の中に出せるという喜びがひとしおであった。

どうせなら、この本に新規の旅の原稿も足していくぞ！　と意気込んでいたのだが、今度はコロナ禍で海外に行くことができなくなってしまった。これは正直、予想外であった。だが、原稿を読み直し、書き直していると、自分がどうして旅をしているのかの理由を見つめ直すこともできた。それは、世界を駆け巡るのと同じぐらいの価値のあるものだと思っている。

本書は、『週刊漫画ゴラク』（日本文芸社）に連載された
「ワルい地球の歩き方」に加筆・修正を施したものです。

丸山ゴンザレス（まるやま・ごんざれす）

1977年、宮城県生まれ。ジャーナリストであり編集者。國學院大學学術資料センター共同研究員。大学院修了後、無職、日雇い労働、出版社勤務を経て独立。危険地帯や裏社会を主に取材している。著書に『アジア「罰当たり」旅行』（彩図社）『世界の混沌を歩く ダークツーリスト』（講談社）『世界の危険思想 悪いやつらの頭の中』（光文社）などがある。

わたしの旅ブックス

026

世界ヤバすぎ！危険地帯の歩き方

2020年11月13日　第1刷発行

著者――――――丸山ゴンザレス

デザイン――――マツダオフィス

編集――――――及川健智（産業編集センター）

発行所―――――株式会社産業編集センター

〒112-0011

東京都文京区千石4-39-17

TEL 03-5395-6133　FAX 03-5395-5320

http://www.shc.co.jp/book

印刷・製本 ―――株式会社シナノパブリッシングプレス

ISBN978-4-86311-280-3 C0026

001
テキトーだって旅に出られる！
蔵前仁一
元祖バックパッカーが自らの体験をもとに書き下ろした旅の指南エッセイ。読後、旅に出たくなる一冊。

002
旅がグンと楽になる7つの極意
下川裕治
「海外ひとり旅」を楽しむための目からウロコの旅行術を紹介。シニア世代の新しい旅の方法を伝授。

006
用事のない旅
森まゆみ
町歩き、聞き書きの名手が贈る珠玉の旅エッセイ集。女一人旅や旅の流儀など、著者の感性が随所に光る。

008
わが天幕焚き火人生
椎名　誠
著者の〝天幕人生〟を綴った表題作の他、単行本未収録のエッセイを収録。シーナワールド全開の一冊。

013
ダリエン地峡決死行
北澤豊雄
コロンビア・パナマ国境の危険なジャングル地帯の踏破に挑んだ、ある一人の男の冒険ノンフィクション。

018
海外旅行なんて二度と行くかボケ!!
さくら剛
旅とは「1割のキラキラと9割の苦痛」と語る著者による、抱腹絶倒・意識低い系旅行記。